주 의

⚠️

- 이 책은 전 세계 곳곳에서 다양한 모습으로 살아가는 여러 동물들의 독특한 생활 방식과 생존법, 놀라운 특징을 소개하는 것이 목적이다.

- 동물의 모습을 정확하게 이해할 수 있도록 생생한 사진들만 모아 수록하였다.

- 이 책에 등장하는 동물들의 명칭이 백과사전 등에 명확하게 등재되어 있지 않은 경우 저술가의 의견에 따른 명칭으로 표기하였다.

ふしぎ!? なんて!? 動物おもしろ超図鑑
<FUSHIGI!? NANDE!? DOUBUTSU OMOSHIRO CHOZUKAN>
Copyright © Yoshihide Shibata 2018
First published in Japan in 2018 by Seito-sha Co., Ltd.
Korean translation rights arranged with Seito-sha Co., Ltd.
through JM Contents Agency Co.
Korean edition copyright ©2020 by Glsongi Co., Ltd.

이 책의 한국어판 저작권은 JMCA를 통한 저작권자와의 독점 계약으로 ㈜글송이에 있습니다.
저작권법에 의하여 한국 내에서 보호를 받는 저작물이므로 무단 전재와 무단 복제를 금합니다.

일러스트 · 아이마 타로(e-loop), 생물디자인연구소 이치니치 잇슈, 가와사키 사토시, 난바키비,
니시무라 고타, 와타나베 마이
디자인 · 시바 토모유키(STUDIO DUNK)
사진 제공 · 아마나이미지스(amana images), Getty Images, PIXTA, 니시오시이와세 문고
편집 협조 · 오피스 303(office303)

2024년 8월 20일 초판 5쇄 펴냄

지음 · 시바타 요시히데   **옮김** · 고경옥
펴낸이 · 이성호   **펴낸곳** · (주)글송이
편집/디자인 · 이여주, 오영인, 임주용
마케팅 · 이성갑, 윤정명, 이현정, 문현곤, 이동준
경영지원 · 최진수, 이인석, 진승현

출판 등록 · 2012년 8월 8일 제 2012-000169호   **주소** · 서울시 서초구 능안말 1길 1(내곡동)
전화 · 578-1560~1   **팩스** · 578-1562   **이메일** · gsibook01@naver.com

ISBN 979-11-7018-562-8 74490
      979-11-7018-548-2 (세트)

*이 도서의 국립중앙도서관 출판예정도서목록(CIP)은 서지정보유통지원시스템 홈페이지(http://seoji.nl.go.kr)와
국가자료종합목록시스템(http://www.nl.go.kr/kolisnet)에서 이용하실 수 있습니다.(CIP 제어번호 : CIP2020001942)
*잘못 만들어진 책은 바꾸어 드립니다.

BATTLE 최강왕 16

동물들의 놀라운 비밀이
낱낱이 밝혀진다!

최강왕 무시무시 놀라운
동물 대백과

시바타 요시히데 지음

무섭다!
신기하다!

★전 세계★
동물 총집합!
180종

글송이

똑같은 동물이라고 해도 걸어 다니는 동물, 하늘을 나는 동물, 헤엄을 치는 동물 등 저마다의 모습과 생활 방식은 전혀 다르다. 이렇게 다양한 동물에 대해 조금 더 자세히 알아보자.

지구는 동물로 가득한 별

동물이란 스스로 움직이며 다른 생물로부터 영양분을 얻어서 살아가는 생물을 말한다. 그러므로 코끼리, 기린, 물고기, 장수풍뎅이, 메뚜기 그리고 사람도 모두 동물이라고 할 수 있다. 이 지구상에는 약 100만 종이 넘는 동물이 살고 있으며, 아직까지 우주의 다른 별에서는 생물이 발견되지 않았다.

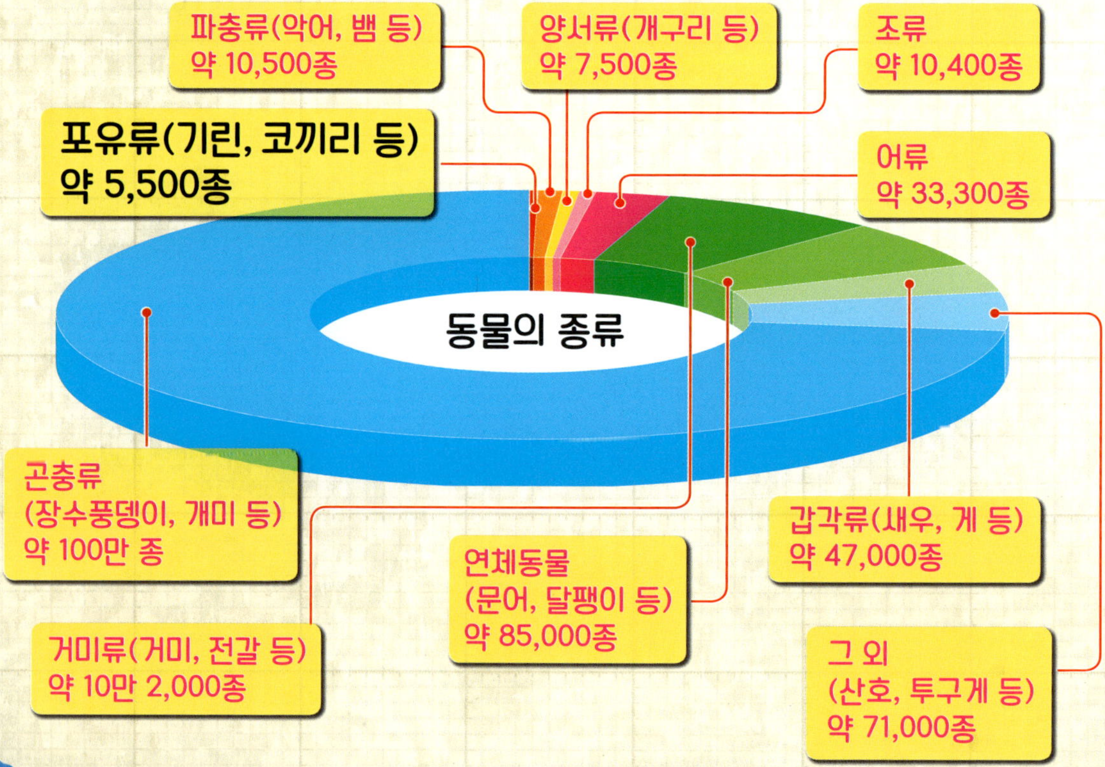

동물의 종류

- 파충류(악어, 뱀 등) 약 10,500종
- 양서류(개구리 등) 약 7,500종
- 조류 약 10,400종
- 포유류(기린, 코끼리 등) 약 5,500종
- 어류 약 33,300종
- 곤충류(장수풍뎅이, 개미 등) 약 100만 종
- 연체동물(문어, 달팽이 등) 약 85,000종
- 갑각류(새우, 게 등) 약 47,000종
- 거미류(거미, 전갈 등) 약 10만 2,000종
- 그 외 (산호, 투구게 등) 약 71,000종

포유류: 어미의 젖을 먹고 자란다

이 책에서 주로 나오는 동물은 포유류이다. 포유류는 어미의 젖을 먹고 자라며 몸에 털이 난다. 서식 환경과 생활 방식에 따라 다양한 모습의 포유류가 존재한다.

▲젖을 빠는 새끼 버빗원숭이

◀돼지는 대부분 14개의 젖을 가지고 있다.

파충류

파충류는 4개의 다리와 비늘이 있으며 알에서 태어난다.
이 책에는 파충류 중에 악어가 등장한다.

조류

앞다리가 날개로 변했으며 부리가 있고 알에서 태어난다.
이 책에는 조류 중에 펭귄이 등장한다.

다양한 환경에서 생활한다

동물은 남극에서 북극에 이르기까지 세계의 곳곳에서 살고 있다. 열악한 환경에서도 살아남기 위해 오랜 시간에 걸쳐 진화를 거듭해 왔다.

숲속

숲속은 동물이 살기에 매우 적합한 곳이다. 먹이와 물이 풍족하며 몸을 숨기기 쉽다. 크고 작은 여러 종류의 동물이 살고 있다.

초원

시야가 넓게 트여서 몸집이 큰 먹잇감을 노리는 육식 동물이나 발이 빠른 초식 동물이 살고 있다. 무리를 이루며 생활하는 동물이 많이 산다.

극지
북극과 남극, 높은 산에도 동물이 산다. 추위를 견딜 수 있는 특별한 신체 구조를 지녔다.

사막
매우 건조한 사막에서는 어떻게 물을 얻고 에너지를 절약하며 생활하는지가 사막에서 살아남기 위한 열쇠가 된다.

물속
물속에서 헤엄치기 편리하도록 다리와 꼬리의 모양이 진화했다. 물고기처럼 물속에서 호흡하지 못하므로 때때로 수면 위로 올라온다.

먹이에 따라 생활 방식이 달라진다

동물은 먹이에 따라 '다른 동물을 잡아먹는 육식 동물'과 '식물을 먹는 초식 동물', '양쪽 다 먹는 잡식 동물'로 나뉜다.

육식 (고기를 먹는다)

동물의 고기를 먹고 사는 동물을 '육식 동물'이라고 한다. 사냥에 성공하면 영양가 높은 먹이를 잔뜩 먹을 수 있지만, 사냥에 실패하면 아무것도 먹지 못해 굶어 죽기도 한다.

▶ 곤충도 동물이다. 따라서 흰개미나 개미를 먹는 개미핥기도 육식 동물이다.

초식 (식물을 먹는다)

식물은 움직이지 않아서 언제라도 먹을 수 있으므로, 동물을 사냥하는 것보다 쉽게 먹이를 손에 넣을 수 있다. 그 대신 식물에는 영양분이 적으며 소화하기도 힘들다. 따라서 많이 먹고 소화할 수 있는 튼튼한 소화 기관이 필요하다.

잡식 (고기와 식물을 먹는다)

고기와 식물을 모두 먹는 잡식 동물도 있다. 곰과 원숭이, 미국너구리 등은 나무 열매를 먹기도 하고 곤충과 작은 동물을 잡아먹기도 한다. 사람도 잡식 동물이다.

▲ 나무딸기를 먹는 미국흑곰

◀ 때로는 강에서 물고기를 잡아먹기도 한다.

털과 피부

포유류의 털과 피부는 체온을 유지하고 몸을 보호하는 역할을 한다. 사람처럼 털이 적은 포유류는 드물다.

▲ 고슴도치의 털은 딱딱한 가시로 되어 있어서 적으로부터 몸을 보호할 수 있다.

꼬리

동물의 꼬리는 움직일 때 균형을 맞추는 역할을 한다. 나무에 꼬리를 휘감거나 가까이 다가온 곤충을 내쫓을 때 사용하기도 한다. 꼬리가 짧아지거나 없어진 동물도 있다.

뼈

포유류는 몸속에 뼈가 있어서 커다란 몸을 지탱할 수 있다.

▼ 거미원숭이의 꼬리 끝에는 털이 없으며, 나뭇가지를 꽉 붙들기 좋은 미끄러지지 않는 피부 조직을 지녔다.

차례

- 동물이란 무엇일까? ------------ 4
- 이 책의 본문 구성 ------------ 16

1 고기를 먹는 동물들

사자 ---------------- 20
- 무리 지어 사냥하는 이유는 무엇일까?
- 호랑이는 왜 멸종 위기에 놓였을까?
- 고기만 먹으면 다른 영양소가 부족하지 않을까?

늑대 ---------------- 30
- 늑대는 왜 큰 소리로 울부짖을까?
- 옛날에 일본에도 늑대가 살았을까?
- 유럽에서 늑대를 싫어하는 이유는?

하이에나 ------------ 36
- 점박이하이에나가 엄청나게 사납다고?
- 점박이하이에나는 큰 소리로 웃을 수 있다고?
- 사바나 최고의 빨리 먹기 달인은?

악어 ---------------- 42
- 악어는 왜 햇빛을 쐬기 좋아할까?
- 혹시 공룡의 한 종류가 아닐까?
- 악어도 운다는데 어떤 소리를 낼까?

여우 ---------------- 48
- 페넥여우의 귀는 왜 커다랄까?
- 여우는 꼬리를 베개나 담요로 사용한다고?
- 여우가 유부를 좋아한다고?

알고 싶은 동물의 비밀
- 커다란 몸집의 비밀 ------ 54
- 귀와 꼬리 크기의 비밀 ---- 56

2 식물을 먹는 동물들

사슴 ---------------- 58
- 사슴의 뿔은 부러져도 괜찮을까?
- 사슴은 나무껍질까지 먹어 치운다고?
- 순록의 코는 정말 빨간색일까?

낙타 ---------------- 64
- 사막에서 살아가는 비결은 무엇일까?
- 걷는 방법이 말과 완전히 다르다고?
- 낙타는 매서운 추위에도 강할까?

코뿔소 ------------70
- 흰색이 아닌데 흰코뿔소라고 하는 이유는?
- 코뿔소의 뿔을 노리는 사냥꾼이 많다고?
- 일본에도 코뿔소가 살았다고?

하마 --------------76
- 하마는 스스로 자외선 차단제를 바른다고?
- 졸려서 입을 크게 벌리고 하품을 하는 걸까?
- 커다란 덩치로 헤엄을 칠 수 있을까?

코끼리 ------------80
- 코끼리의 코는 왜 길까?
- 커다란 귀는 어떤 역할을 할까?
- 사람이 듣지 못하는 소리로 대화를 한다고?

기린 --------------88
- 기린의 목은 왜 길까?
- 기린의 혀는 왜 보라색일까?
- 기린은 잘 때 커다란 침대가 필요할까?

코알라 ------------94
- 코알라가 먹는 유칼립투스 잎에는 독이 있다고?
- 코알라의 코는 왜 그렇게 클까?
- 코알라는 잠꾸러기라고?

놀랍다!
청소하는 새 ------98

3 잡식 동물들

곰 ----------------100
- 북극곰의 피부가 검은색이라고?
- 대왕판다는 정말 대나무만 먹을까?
- 덩치는 커다랗지만 나무 타기가 주특기라고?

미국너구리 --------106
- 너구리와 어떻게 다를까?
- 주택가에서도 산다던데 정말일까?
- 왜 야생으로 방출됐을까?

스컹크 ------------112
- 지독한 냄새는 방귀가 아니라고?
- 스컹크에게도 천적이 있을까?
- 얼룩스컹크는 물구나무서기의 달인이라고?

침팬지 ------------118
- 침팬지와 고릴라는 왜 꼬리가 없을까?
- 침팬지와 고릴라는 침대에서 잠을 잔다고?
- 고릴라는 왜 가슴을 두드릴까?

일본원숭이 --------128
- 얼굴과 엉덩이는 왜 빨간 걸까?
- 서로의 몸을 쓰다듬어 주는 이유는?
- 일본원숭이가 온천을 즐긴다고?

알고 싶은 동물의 비밀
동물의 이빨에 관한 비밀 ------134

놀랍다!
마다가스카르의 동물 ------136

4 사람과 친숙한 동물들

고양이 ----------138
- 어두운 곳에서 눈이 빛나는 이유는?
- 혀가 사포처럼 까끌까끌한 이유는?
- 삼색털 고양이의 놀라운 비밀은?

개 ------------144
- 숨을 몰아쉬는 이유는 무엇일까?
- 코는 왜 항상 촉촉하게 젖어 있을까?
- 개를 다양한 종류로 개량했다고?

소 ------------150
- 풀만 먹는데도 커다랗게 자라는 이유는?
- 왜 먹고 난 후에 바로 누워서 잠을 잘까?
- 코의 주름이 소마다 다르다고?

염소·양 ----------156
- 염소는 종이를 먹는다는데 정말일까?
- 염소의 눈이 특이하게 생긴 이유는?
- 양은 털을 깎지 않으면 위험해진다고?

말 ------------164
- 말의 발에도 발가락이 있었다고?
- 얼룩말을 말처럼 타고 다닐 순 없을까?
- 맹도견처럼 맹도마도 있다고?

알고 싶은 동물의 비밀
- 동물에게 얻을 수 있는 것----170
- 돼지의 조상은 멧돼지-------172

5 바다에 사는 동물들

고래·돌고래 --------174
- 물고기도 아닌데 어떻게 바다에서 살까?
- 고래와 돌고래의 차이점은 무엇일까?
- 고래가 분수처럼 물을 내뿜는 이유는?

바다표범 ----------184
- 강치, 바다코끼리와는 다른 동물이라고?
- 바다표범은 털이 짧아서 춥지 않을까?
- 오래전부터 사랑받아 온 바다의 슈퍼스타는?

해달 ------------190
- 어떻게 물에 둥둥 뜰 수 있을까?
- 해달은 바다에서 잘까, 땅에서 잘까?
- 해달은 엄청난 먹보라고?

펭귄 --------------194
· 펭귄은 새인데, 왜 날지 못할까?
· 얼음 위에 엎드려서 미끄럼을 탄다고?
· 열대 지방에 사는 신기한 펭귄은?

알고 싶은 동물의 비밀
바다 동물의 조상------202

놀랍다!
바다를 헤엄치는 코끼리----204

6 크기가 작은 동물들

쥐 ---------------206
· 쥐는 정말 치즈를 좋아할까?
· 쥐의 꼬리가 긴 이유는 무엇일까?
· 비버는 동물 최고의 건축가라고?

토끼 --------------222
· 토끼는 왜 깡충깡충 뛰어다닐까?
· 토끼의 눈이 빨간 이유는 무엇일까?
· 일본에서는 토끼와 새를 세는 단위가 똑같다고?

다람쥐 -----------216
· 볼 가득히 먹이를 물면 힘들지 않을까?
· 프레리도그(Prairie Dog)는 개일까?
· 날다람쥐는 어떻게 하늘을 날까?

놀랍다!
쥐가 아니라고?------228

7 괴짜 동물들

박쥐 -------------230
· 귀를 막으면 날 수 없다던데 정말일까?
· 흡혈귀처럼 피를 빨아 먹을까?
· 거꾸로 매달리지 않는 박쥐는 없을까?

나무늘보 ---------246
· 느릿느릿 움직이는 건 게으르기 때문일까?
· 태어나서 평생을 나무 위에서만 생활할까?
· 느긋해 보여도 사실은 수영의 달인이라고?

캥거루 -----------240
· 수컷은 아기 주머니가 없다고?
· 캥거루의 생일은 태어난 날이 아니라고?
· 유대류 동물이란 무엇일까?

개미핥기 ---------252
· 개미핥기는 개미만 먹을까?
· 어미 개미핥기는 새끼를 업어서 키운다고?
· 개미핥기와 닮은 땅돼지의 특징은?

이 책의 본문 구성

이 책에서는 전 세계 곳곳에서 다양한 모습으로 살아가는 여러 동물들을 소개한다. 동물들의 생활 방식과 생존법, 놀라운 특징 등을 자세히 알아보자.

이름 - 동물의 이름이 무엇인지 소개한다.

생태 - 동물의 생활 방식을 알 수 있다.

동물 10초 퀴즈 - 동물에 대한 재밌는 퀴즈를 소개한다. 답은 2~3쪽 뒤에서 확인할 수 있다.

동물의 특징 - 동물의 특징과 해당되는 부위를 빨간색 선으로 표시하여 소개한다.

기본 정보 - 동물의 크기, 먹이, 서식 환경을 소개한다.

동물의 능력치

✔ **위험도**
날카로운 송곳니와 발톱 등 위험한 동물일수록 수치가 높다.

✔ **희소성**
보기 힘든 종류의 동물일수록 수치가 높다.

✔ **스피드**
빠른 동물일수록 수치가 높다.

✔ **방어**
적의 공격으로부터 몸을 보호하는 능력이 뛰어난 동물일수록 수치가 높다.

✔ **파워**
힘이 센 동물일수록 수치가 높다.

동물의 종류를 소개한다. → **종류**

동물에 대한 궁금한 호기심을 풀어 준다. → **호기심**

갯과 동물의 종류

황금자칼
크기 71~85cm
서식지 아시아·아프리카

아시아와 아프리카 지역에 서식하며, 자칼 종류 중에 몸집이 가장 크다. 수컷과 암컷 1쌍, 그리고 그 새끼가 한 가족을 이룬다.

딩고
오스트레일리아와 동남아시아에 서식하며, '오스트레일리아들개'라고도 불린다. 야행성으로 10여 마리가 무리를 지어 생활한다.
크기 1.3m
서식지 오스트레일리아

A. 힘이 센 상대 앞에서는 배를 보여 주며 드러눕는다. 개도 똑같은 행동을 한다.

궁금한 갯과 동물 이야기

호기심 1 늑대는 왜 큰 소리로 울부짖을까?

1 다른 늑대 무리에게 자신들의 영역을 알릴 때 울부짖는다.
이쪽은 우리 영역이라고!
다른 무리의 늑대

2 무리를 따라오지 못한 동료를 찾기 위해 울부짖기도 한다. 울부짖는 소리는 늑대들의 의사소통 수단이다.
어디로 사라진 거야!

3 그래서 1마리가 울부짖기 시작하면 주변의 늑대도 일제히 따라서 울음소리를 낸다.
워우~ 워우~

4 개 역시 울부짖는다. 본래 늑대였을 때의 습성이 남아 있기 때문이다.
워우웅~

실제 크기
동물의 몸 일부분의 실제 크기를 알려 준다.

크기
동물의 대략적인 크기를 소개한다.

서식지
동물이 주로 사는 지역과 나라를 소개한다.

'아종'이란 무엇일까?

같은 종류의 동물이라도 사는 곳과 환경에 따라 생김새와 크기가 달라진다. 다른 종류로 분류할 만큼 다르지 않은 동물을 '아종'이라고 한다.

일본에 서식하는 사슴의 아종

에조사슴
일본에 사는 사슴 중에 가장 크고 뿔의 가지가 많다.

아종 / 홋카이도

야쿠사슴
아주 작은 사슴이다. 뿔이 작고 가지도 적다.

아종 / 야쿠 섬

혼슈사슴
야쿠사슴보다 크며 에조사슴보다는 작다.

아종 / 혼슈

일본에는 7종류의 사슴 아종이 있다. 뿔의 가지 수와 몸집의 크기는 다르지만 이 모든 사슴을 '일본사슴'이라고 부른다.

일본사슴

1 고기를 먹는 동물들
먹잇감을 사냥하다!

날카로운 이빨과 발톱, 무리의 협동 등 저마다의 무기로 먹잇감을 사냥한다. 고기를 먹는 육식 동물에는 누가 있고, 어떻게 사냥을 하는지 알아보자.

사자

호랑이 다음으로 몸집이 커다란 육식 동물이다. 때로는 코끼리도 쓰러트릴 만큼 뛰어난 전투 능력을 발휘한다.

눈
앞쪽을 향한 눈은 사냥감과의 거리를 정확히 파악할 수 있다.

동물 10초 퀴즈

Q. 새끼 사자가 가지고 있는 무늬는?
① 몸에 줄무늬가 있다.
② 몸에 반점 무늬가 있다.
③ 몸에 아무런 무늬도 없다.

갈기
목 주변의 갈기는 수컷에게만 있다. 힘이 센 사자일수록 갈기가 길고 색이 진하다.

발톱
발톱을 자유롭게 넣었다 뺄 수 있다. 달릴 때는 발톱을 움츠리고 먹잇감을 사냥할 때는 발톱을 세워서 움켜잡는다.

사자의 생태

무리 지어 사냥하다!

무리 사냥

모두가 힘을 모아 공격

고양잇과 동물 중에 무리를 지어 생활하는 동물은 사자뿐이다. 먹잇감을 사냥하는 건 암컷이며, 수컷은 적으로부터 무리를 보호한다.

▼때로는 다른 수컷 사자와 싸워서 상처를 입기도 한다.

A. ❷새끼 사자의 몸에는 반점 무늬가 있다.

낮에는 잠을 자다!

휴식 — 푹 쉬는 시간

사자는 낮 시간 대부분을 쉬면서 지낸다. 더운 초원에서 생활하므로 에너지를 낭비하지 않기 위해서이다. 저녁 무렵부터 새벽 사이에 2시간 정도 사냥을 한다.

먹잇감을 지켜라!

초원의 다툼 — 생존을 위한 다툼

초원에는 먹잇감을 가로채는 동물들이 있다. 때로는 하이에나에게 먹잇감을 빼앗기기도 한다.

사자의 기본 정보

크 기	1.5~2.5m
먹 이	얼룩말, 누 등
서식 환경	초원

고양잇과 동물의 종류

호랑이

사자보다 몸집이 커다랗고 힘이 센 육식 동물이다. 수풀에 몸을 숨긴 채 먹잇감에 접근해서 단숨에 제압해 버린다.

크 기 3.7m
서식지 아시아

치타

엄청난 속도로 먹잇감을 쫓아가서 잡아먹는다. 온몸의 근육을 스프링처럼 사용해서 달리며, 속도는 시속 약 110km에 이른다.

크 기 1.2~1.5m
서식지 아프리카·아시아

표범

숲이나 바위 지대에 산다. 나무를 잘 타며, 나무 위에 올라가서 먹잇감이 지나가기를 기다리기도 한다. 발이 빠르지는 않지만 힘이 세다.

크 기 1.0~1.9m
서식지 아시아·아프리카

재규어

무는 힘이 강해서 악어의 단단한 뼈도 물어서 부러트릴 정도이다. 고양잇과 동물 중에서는 드물게 헤엄을 잘 친다.

크 기 1.5~1.8m
서식지 중앙·남아메리카

궁금한 고양잇과 동물 이야기

호기심 1 사자가 무리 지어 사냥하는 이유는 무엇일까?

① 사자는 사바나(열대 초원)에서 가장 대담한 사냥꾼이다. 얼룩말이나 임팔라 등 몸집이 큰 동물을 노린다.

② 하지만 큰 동물을 잡으려면 사자 1마리로는 어렵다.

좀 힘들겠는데….

아프리카들소

③ 그래서 무리를 지어 서로 협력하며 먹잇감을 사냥한다. 먹잇감을 쫓는 역할, 숨어 있다 습격하는 역할 등 저마다 역할을 나눠서 조직적으로 행동한다.

호기심 2 — 밀림의 왕 호랑이는 왜 멸종 위기에 놓였을까?

야생에서는 대적할 상대가 없는 호랑이지만, 개체 수가 줄어들어서 멸종될 위기에 놓여 있다. 그 원인은 다름 아닌 사람이다. 무늬가 멋있는 털가죽과 약으로 사용하는 뼈를 얻기 위해 호랑이를 사냥하고 생활 터전인 숲을 파괴해 버렸기 때문이다. 지금은 호랑이를 보호하기 위해 털가죽과 뼈의 거래를 금지하고 숲을 보존하려는 활동이 이루어지고 있다.

벗겨 낸 호랑이 털가죽

호기심 3 — 검은표범은 표범과 다른 동물일까?

① 검은표범은 표범과 같은 종류의 동물이다. 검은표범이 따로 존재하는 것이 아니라 몸 색깔이 검은색인 유전자를 지녔을 뿐이다.

② 이러한 현상을 '흑변종'이라고 한다. 검은표범 외에도 재규어의 흑변종인 '검은재규어'도 존재한다.

잘 보면 몸에 무늬가 있어.

호기심 4
화려한 색깔과 무늬를 보고 사냥감이 먼저 도망치지 않을까?

사람의 눈으로 봤을 때 — 선명하게 보인다.

동물의 눈으로 봤을 때 — 주변의 색과 어울려서 알아보기 힘들다.

원숭이를 제외한 포유류 대부분은 사람과 똑같은 색깔을 보지 못한다. 호랑이나 표범의 화려한 색깔과 무늬는 풀숲과 숲속 환경에서 오히려 위장색이 되므로 사냥감에게 들키지 않고 가까이 다가갈 수 있다.

호기심 5 — 고기만 먹으면 다른 영양소가 부족하지 않을까?

1 고기를 먹는 동물은 원래 식물을 잘 소화할 수 없다. 하지만 영향 불균형이 되지는 않는다.

2 생고기에는 비타민 등의 영양소가 많으며, 초식 동물의 내장에는 소화되지 않은 식물이 들어 있을 때도 있기 때문이다.

이거면 충분해!

재밌는 동물 뉴스
놀라운 점프 실력을 가진 '눈표범'

눈표범

고양잇과 동물 중에는 사냥감을 덮치는 점프 실력이 뛰어난 종류가 많다. 그중에서도 아시아의 높은 산에 서식하며, 주로 바위 지대에서 먹잇감을 잡는 '눈표범'은 점프의 달인이다. 15m나 떨어진 바위 사이를 뛰어넘는 모습이 확인되기도 했다. 험난한 바위 사이를 가뿐히 넘어 다니며 양이나 염소 등을 잡아먹는다.

늑대

갯과 동물 중에서 가장 몸집이 커다랗다. 체력이 좋아 사냥할 때 적어도 20분 이상 지속해서 먹잇감을 쫓을 수 있다.

코
길고 뾰족하게 튀어나온 코는 매우 민감해서 희미한 냄새만으로도 먹잇감을 찾아낸다.

엄니
길고 날카로운 엄니는 마치 칼처럼 뾰족하다. 그래서 먹잇감을 물고 늘어져 쓰러트릴 수 있다.

몸통
몇십 km를 달려도 지치지 않는 건장한 몸을 지녔다.

동물 10초 퀴즈

Q. 상대방에게 배를 보이는 이유는?
① 이제 자자는 신호이다.
② 상대방을 무시하는 행동이다.
③ 상대방을 따르겠다는 뜻이다.

늑대의 생태

끝까지 쫓다!

사냥 - 놀라운 협동력

무리를 지어 끝까지 먹잇감을 쫓아간다. 다른 늑대와 협력해서 거대한 몸집의 '아메리카들소'와 '말코손바닥사슴'도 쓰러트린다.

서열이 있는 늑대의 세계!

규칙 - 늑대의 위계질서

늑대의 무리에는 수컷과 암컷 각각의 확실한 위계질서가 존재한다. 수컷과 암컷의 우두머리만이 새끼를 낳아서 키울 수 있다.

늑대의 기본 정보

크 기	1.0~1.5m
먹 이	말코손바닥사슴, 순록 등
서식 환경	초원, 숲속, 산지 등

갯과 동물의 종류

황금자칼

크 기	71~85cm
서식지	아시아·아프리카

아시아와 아프리카 지역에 서식하며, 자칼 종류 중에 몸집이 가장 크다. 수컷과 암컷 1쌍, 그리고 그 새끼가 한 가족을 이룬다.

딩고

오스트레일리아와 동남아시아에 서식하며, '오스트레일리아들개'라고도 불린다. 야행성으로 10여 마리가 무리를 지어 사냥한다.

크 기	1.3m
서식지	오스트레일리아

A. ❸ 힘이 센 상대 앞에서는 배를 보여 주며 드러눕는다. 개도 똑같은 행동을 한다.

승냥이

아시아의 숲이나 바위 지대에 사는 늑대의 일종이다. 10마리 정도가 무리를 지어 다니며 토끼나 멧돼지 등을 잡아먹는다. 멸종 위기에 놓여 있는 동물이다.

- 크 기: 90㎝
- 서식지: 아시아

코요테

늑대와 닮았지만 몸집이 훨씬 작다. 혼자 다니거나 작은 무리를 만들어서 생활한다. 늑대처럼 자주 울부짖는다.

- 크 기: 70~97㎝
- 서식지: 북·중앙아메리카

궁금한 갯과 동물 이야기

호기심 1 — 늑대는 왜 큰 소리로 울부짖을까?

1 다른 무리의 늑대에게 자신들의 영역을 알릴 때 울부짖는다.

이쪽은 우리 영역이라고!

다른 무리의 늑대

2 무리를 따라오지 못한 동료를 찾기 위해 울부짖기도 한다. 울부짖는 소리는 늑대들의 의사소통 수단이다.

어디로 사라진 거야!

3 그래서 1마리가 울부짖기 시작하면 주변의 늑대도 일제히 따라서 울음소리를 낸다.

워우~ 워우~ 워우~

4 개 역시 울부짖는다. 본래 늑대였을 때의 습성이 남아 있기 때문이다.

워우웅~

호기심 2
옛날에 일본에도 늑대가 살았을까?

늑대 석상이 있는 신사

늑대를 뜻하는 일본어 '오오카미'는 '커다란 신'이라는 뜻도 가지고 있다. 밭을 망쳐 놓는 멧돼지와 사슴을 늑대가 잡아먹어서 일본에서는 예로부터 늑대를 신처럼 여겼다고 한다. 하지만 메이지 시대에 들어와서 질병과 사람의 사냥으로 일본의 늑대는 멸종하고 말았다.

◀늑대 석상은 산으로 둘러싸인 사이타마현 치치부 지역에 많다.

재밌는 동물 뉴스
유럽에서 늑대를 싫어하는 이유

아기 돼지 삼 형제   빨간 모자

일본과는 반대로 유럽에서는 늑대를 싫어했다고 한다. 양과 소를 기르는 목축업이 발달한 유럽에서는 늑대가 가축을 자주 습격했기 때문이다. 사람의 문화와 생활 환경에 따라 신으로 섬기기도 하고 싫어하는 대상이 되기도 할 만큼, 늑대는 예로부터 사람과 가까운 동물이었다.

하이에나

개와 닮았지만 사향고양이에 가깝다. 죽은 동물을 찾아다니는 이미지가 강하지만 스스로 사냥할 때도 많다.

체형
앞다리가 길고 어깨 근육이 발달해서 엉덩이가 아래쪽에 있는 것처럼 보인다.

귀
둥글고 커다란 귀는 작은 소리도 놓치지 않는다. 적의 접근을 감지하고 의사소통을 하는 데 도움을 준다.

턱
강력한 턱과 특수한 이빨을 지녀서 굵은 뼈도 조각내서 먹어 치운다.

동물 10초 퀴즈

Q. 하이에나 이름의 뜻은?
1. '암퇘지'라는 뜻이다.
2. '이상한 개'라는 뜻이다.
3. '마른 곰'이라는 뜻이다.

하이에나의 생태

여기가 우리 집!

사는 곳 — 땅굴 보금자리

낮에는 땅 위로 입구가 뚫린 땅굴에서 잠을 잔다. 새끼도 땅굴 보금자리에서 키운다.

먹잇감을 가로채다!

무리 사냥 — 하이에나의 사냥법

사자가 잡은 먹잇감을 10마리 정도의 하이에나가 달려들어 끈질기게 빼앗아 간다. 때로는 반대로 사자에게 잡아먹히기도 한다.

하이에나(점박이하이에나)의 기본 정보

크 기	1.3~1.7m
먹 이	산토끼, 얼룩말 등
서식 환경	초원, 사막, 산지

하이에나의 종류

갈색하이에나

크기
1.1~1.3m

서식지
아프리카 남부

아프리카 남부의 사막이나 황무지에 산다. 혼자서 밤에 돌아다니며 죽은 동물뿐 아니라 곤충과 과일도 먹는다. 긴 갈기가 특징이다.

땅늑대

A. ❶ 고대 그리스어로 '암퇘지'라는 뜻이다. 등의 털이 돼지털과 비슷하기 때문이다.

줄무늬하이에나

무리를 짓지 않고 단독 생활을 한다.
몸에는 호랑이와 비슷한 가로줄 무늬가 있다.

| 크 기 | 1.0~1.2m |
| 서식지 | 인도·남아시아·아프리카 |

야행성이며 무리를 짓지 않고 단독으로 생활한다. 주로 흰개미를 잡아먹어서 턱과 이빨이 그다지 발달하지 않았다.

| 크 기 | 85~105cm |
| 서식지 | 아프리카 동부·남부 |

궁금한 하이에나 이야기

호기심 1. 점박이하이에나는 생김새와 다르게 엄청나게 사납다고?

① 점박이하이에나는 사실 표범이나 치타에게도 지지 않는 사나운 동물이다.

치타

② 아프리카의 사바나에 사는 표범은 점박이하이에나에게 먹이를 빼앗기지 않기 위해 일부러 나무 위로 먹이를 갖고 올라간다.

여기라면 안심할 수 있으니까.

③ 가장 강력한 적은 사자이다. 표범이나 치타와는 다르게 사자는 단체로 행동하므로 긴장을 늦출 수 없는 상대이다. 사냥한 먹잇감을 오히려 사자에게 빼앗기는 일도 많다.

빼앗기고 말았어!

점박이하이에나는 큰 소리로 웃을 수 있다는데 정말일까?

① 점박이하이에나는 사자를 만나면 사람이 웃는 것처럼 짧게 소리를 내며 짖는다.

핫핫핫!
핫핫핫!

② 이러한 소리는 즐거워서 웃는 소리가 아니라 긴장했을 때 내는 소리이다. 상황에 따라 다른 여러 가지 소리를 내기도 한다.

후우—
후우—

재밌는 동물 뉴스
사바나 최고의 빨리 먹기 달인

얼룩말

점박이하이에나는 먹는 속도가 매우 빠르다. 사바나에는 사자처럼 먹이를 가로채는 적이 많아서 천천히 식사를 즐길 여유가 없기 때문이다. 약 20마리의 점박이하이에나 무리는 불과 30분도 지나지 않아 200kg에 가까운 얼룩말을 먹어 치운다. 뼈까지 씹어 먹기 때문에 남는 것은 핏자국뿐이라고 한다.

악어

날카로운 이빨이 빼곡한 커다란 입과 갑옷처럼
단단한 비늘로 뒤덮인 몸을 지닌 '파충류의 왕'이다.

꼬리
꼬리를 지느러미처럼
좌우로 움직여서 헤엄치며,
세게 휘둘러서 적을
쫓아내기도 한다.
강력한 힘을 지녔다.

입
턱의 힘이 굉장히 세서
한번 먹잇감을 물면
놓지 않는다. 날카로운
이빨은 빠져도 금방
다시 자란다.

눈
'순막'이라고 하는 투명한 막이
물안경과 같은 역할을 한다.
물속에서도 앞을 잘 볼 수 있다.

동물 10초 퀴즈

Q. 악어는 얼마나 빨리 달릴까?
① 시속 17km
② 시속 37km
③ 달리지 못한다.

악어의 생태

양육 — 어미 악어의 모성애

악어는 알에서 태어나는 동물이다. 어미 악어가 알을 보호하고 알에서 부화하는 새끼를 돕기도 한다.

숨어 있다가 먹잇감을 공격하다!

사냥 — 불시에 습격

탁한 물속에 몸을 숨기고 있다가 물을 마시러 온 동물을 단숨에 물어뜯는다. 또한 몸통을 돌려가며 살을 갈기갈기 찢어 먹기도 한다.

악어의 기본 정보

크 기	1.2~7m
먹 이	새, 포유류, 물고기 등
서식 환경	물가, 바다

악어의 종류

미국 동남부의 미시시피강 유역에 살며, '미시시피악어'라고도 불린다. 헤엄이 주특기이며 앞발에도 물갈퀴가 있다. 겨울잠을 잔다.

아메리카엘리게이터

| 크 기 | 3.0~4.5m | 서식지 | 미국 동남부 |

인도가비알

물의 흐름이 빠른 강에 서식한다. 부리처럼 길쭉한 입에는 100개가 넘는 이빨이 촘촘하게 나 있어서 빠르게 헤엄치는 물고기를 잡아먹기 좋다.

| 크 기 | 4~6m |
| 서식지 | 인도·네팔 |

'가비알'이라는 이름은 인도의 항아리인 '갈라'에서 유래되었다고 한다. 코끝의 혹이 항아리 모양으로 생겼기 때문이다.

A.① 악어는 땅 위에서 최대한 빨리 달리면 시속 17km로 달릴 수 있다.

인도악어

크 기 5~7m

서식지 동남아시아·오스트레일리아 북부

세계에서 가장 큰 악어이다. 큰 머리와 튼튼한 턱을 가지고 있으며, 매우 포악하다. 바다를 헤엄쳐서 이동할 수도 있다.

난쟁이카이만

세계에서 가장 작은 악어이다. 원시적인 종류이며 다른 악어와 얼굴 생김새가 조금 다르다. 물고기와 도마뱀을 잡아먹으며 햇빛을 거의 쬐지 않는다.

크 기 1.2~1.6m

서식지 남아메리카

궁금한 악어 이야기

호기심 1 악어는 왜 햇빛을 쐬기 좋아할까?

① 악어는 일광욕을 매우 좋아한다. 왜냐하면 체온을 조절해야 하기 때문이다.

※ 악어가 입을 벌리고 있는 이유는 체온 조절을 하기 위해서이다.

② 파충류인 악어는 포유류처럼 체온을 일정하게 유지하는 것이 어렵다. 이러한 동물을 '변온 동물'이라고 한다.

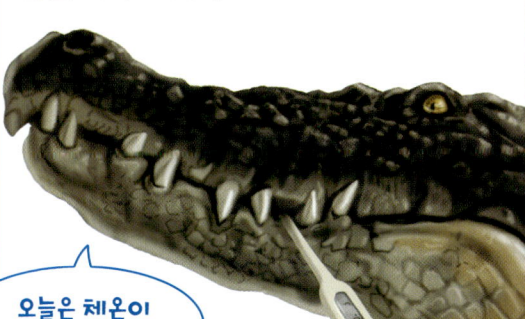

오늘은 체온이 조금 낮은걸.

삐삐~

③ 그 대신 체온을 유지하기 위한 에너지가 많이 필요하지 않으므로 에너지를 절약할 수 있다.

일주일에 한 끼만 먹을 때도 있어.

호기심 2 얼굴이 사납게 생겼는데 혹시 공룡의 한 종류가 아닐까?

악어는 공룡과는 다른 동물이다. 하지만 공룡 못지않게 난폭한 성질을 지녔다. 공룡이 살았던 시대에는 몸길이 10m가 넘는 거대한 악어가 살았으며 물가에 접근하는 공룡을 습격하기도 했다고 한다.

티라노사우루스

데이노수쿠스(원시 악어)

호기심 3 악어도 소리를 내서 운다는데 정말일까? 어떤 소리를 내는 걸까?

1 항상 조용할 것만 같은 악어도 큰 소리로 울음소리를 낸다.

구오오오오~

입을 벌리지 않고도 소리를 낼 수 있다고.

2 물론 새끼 악어도 울음소리를 낸다. 어른 악어와는 조금 다르게 귀여운 소리를 낸다.

엄마, 이쪽으로 와 보세요!

갸르릉~ 갸르릉~

여우

북반구의 넓은 지역에 걸쳐 서식하며 사람과 가까운 동물이다. 주로 쥐와 새를 잡아먹는다.

귀
크고 쫑긋하게 서 있는 귀는 사냥감이 내는 아주 작은 소리도 놓치지 않는다.

꼬리
긴 꼬리는 점프할 때 균형을 잡을 수 있게 도와준다.

눈
고양이처럼 세로로 길쭉한 눈동자를 둥글게 넓혔다 좁히면서 눈에 들어오는 빛의 양을 조절한다.

동물 10초 퀴즈

Q. 여우는 몇 마리까지 새끼를 낳을까?
1. 5마리
2. 15마리
3. 25마리

여우의 생태

양육 — 굴속은 안전한 보금자리

땅속에 굴을 파고 그 안에서 새끼를 낳아 키운다. 바깥으로 통하는 출입구가 여러 개 있다.

굴속에서 새끼를 키우다!

먹잇감을 향해 날쌔게 뛰어오르다!

사냥 — 화려한 사냥 기술

눈 속에 숨은 쥐를 소리만으로 찾아내서 높이 뛰어올라 잡아챈다.

여우의 기본 정보

크 기	41~120cm
먹 이	곤충, 새, 작은 동물 등
서식 환경	초원, 숲속, 사막 등

여우의 종류

회색여우

- 크 기: 70cm
- 서식지: 북아메리카

북아메리카의 숲에 서식하는 여우이다. '나무여우'라고도 불리며, 적에게 쫓기면 나무 위로 올라가서 몸을 피한다.

일본여우

일본의 혼슈, 규슈, 시코쿠에 사는 '붉은여우'의 아종이다. 야행성으로 밤이 되면 돌아다닌다. 쥐나 곤충을 찾아 잡아먹는다.

- 크 기: 52~76cm
- 서식지: 일본

페넥여우의 귀 크기

A. ❷ 북극여우는 한 번에 최대 15마리까지 새끼를 낳는다.

페넥여우

크 기	30~40㎝
서식지	아프리카 북부

사막에 사는 여우로, 커다란 귀가 특징이다. 몸통의 연한 크림색은 모래색과 비슷해서 눈에 잘 띄지 않는다. 여우 종류 중에 크기가 가장 작다.

북극여우

크 기	55㎝	서식지	북극권

북극에 사는 여우로, 추위에 강해서 영하 70℃의 기온에서도 끄떡없다. 여름에는 털이 검게 변하며 겨울에는 새하얗게 변한다.

▶ 여름철의 북극여우

? 궁금한 여우 이야기

호기심 1 — 페넥여우의 귀는 왜 커다랄까?

① 페넥여우의 귀가 커다란 이유는 몸의 체온을 바깥으로 내보내기 위해서라고 한다.

② 페넥여우는 무더운 아프리카의 사막에 산다. 따라서 체온이 높아지지 않도록 커다란 귀를 지니게 되었다.

낮에는 더우니까 계속 쉴래.

쿨쿨쿨~

③ 이렇게 큰 귀는 모래에 숨은 먹잇감을 찾아내는 데에 도움을 준다.

④ 반대로 매우 추운 지역에 사는 북극여우의 귀는 작고 둥근 모양이다.

북극여우

호기심 2. 여우는 꼬리를 베개나 담요로 사용한다고?

균형을 잡는 데 도움을 주는 굵고 탐스러운 꼬리는 잠잘 때 베개나 담요로 사용한다. 잘 때 몸을 둥글게 웅크리고 얼굴을 꼬리에 파묻으면 추위에도 끄떡없다.

재밌는 동물 뉴스
여우와 유부초밥에 관한 이야기

'이나리'라는 이름이 붙은 일본 신사에서는 여우를 '신의 사자(심부름꾼)'로 모시며 '유부'를 공물로 바친다고 한다. 왜냐하면 여우가 유부를 좋아하기 때문이라고 한다. 그래서 일본에서는 유부초밥을 '이나리즈시'나 '오이나리상(여우님)'이라고 부른다.

커다란 몸집의 비밀

동물의 크기는 서식하는 장소와 환경에 따라 상당한 차이가 난다. 왜 그런 차이가 나는 걸까? 동물의 크기에는 사실 비밀이 숨겨져 있다.

베르그만의 법칙

체온을 일정하게 유지하는 동물은 추운 곳에 살수록 몸집이 커지고 체중이 많이 나간다.

몸이 작고 가벼우면 몸속에서 열이 쉽게 빠져나가 시원하게 지낼 수 있다.

몸이 작다

몸이 크다

몸이 크고 무거우면 몸속에서 열이 많이 발생한다. 더구나 열이 쉽게 식지 않아서 따뜻하게 지낼 수 있다.

이러한 이론을 '베르그만의 법칙'이라고 한다.

※베르그만은 독일의 생물학자이며, 1847년에 이 법칙을 발표했다.

호랑이 비교 체험 — 사는 곳과 몸의 크기를 비교해 보자!

수마트라호랑이

인도네시아의 수마트라 섬에 서식한다. 몸길이는 시베리아호랑이의 거의 절반밖에 되지 않는다. 사슴이나 멧돼지 등을 잡아먹는다.

1.6m

150kg

시베리아호랑이

호랑이의 서식지 중에 가장 북쪽인 러시아 극동 지방에서 중국 동북부에 이르는 산림 지역에 산다. 호랑이 중에 가장 크며, 과거에는 거대한 불곰을 습격해서 잡아먹기도 했다.

호랑이의 서식지

유라시아 대륙에서 동남아시아의 섬에 걸쳐서 서식한다. 현재 호랑이의 생존이 확인된 서식지는 점점 줄어들고 있다.

귀와 꼬리 크기의 비밀

같은 종류의 동물이라도 사는 곳에 따라 귀와 꼬리의 크기가 달라지기도 한다. 귀와 꼬리 크기가 차이가 나는 데에는 사실 비밀이 숨겨져 있다.

앨런의 법칙

체온을 일정하게 유지하는 동물은 같은 종류일지라도 추운 곳에 살수록 귀, 꼬리, 코, 다리 등 몸통에서 튀어나온 부분이 작아진다.

귀가 작다 — 추운 곳에서는 귀와 꼬리가 금방 차가워져서 심하면 동상에 걸릴 수도 있다. 그래서 되도록 작은 편이 좋다.

귀가 크다 — 몸속의 열은 몸통에서 튀어나온 부분을 통해 빠져나간다. 그래서 더운 곳에서는 귀가 커야 열을 식히기에 좋다.

※앨런은 영국의 동물학자로, 1877년에 이 법칙을 발표했다.

토끼 비교 체험 — 사는 곳과 귀·꼬리의 크기를 비교해 보자!

눈덧신토끼
북아메리카 북부에서 북극해 연안에 산다.
8cm
5cm

케이프멧토끼
아프리카 대륙과 유라시아 대륙의 남서부에 산다.
16cm
7cm

56

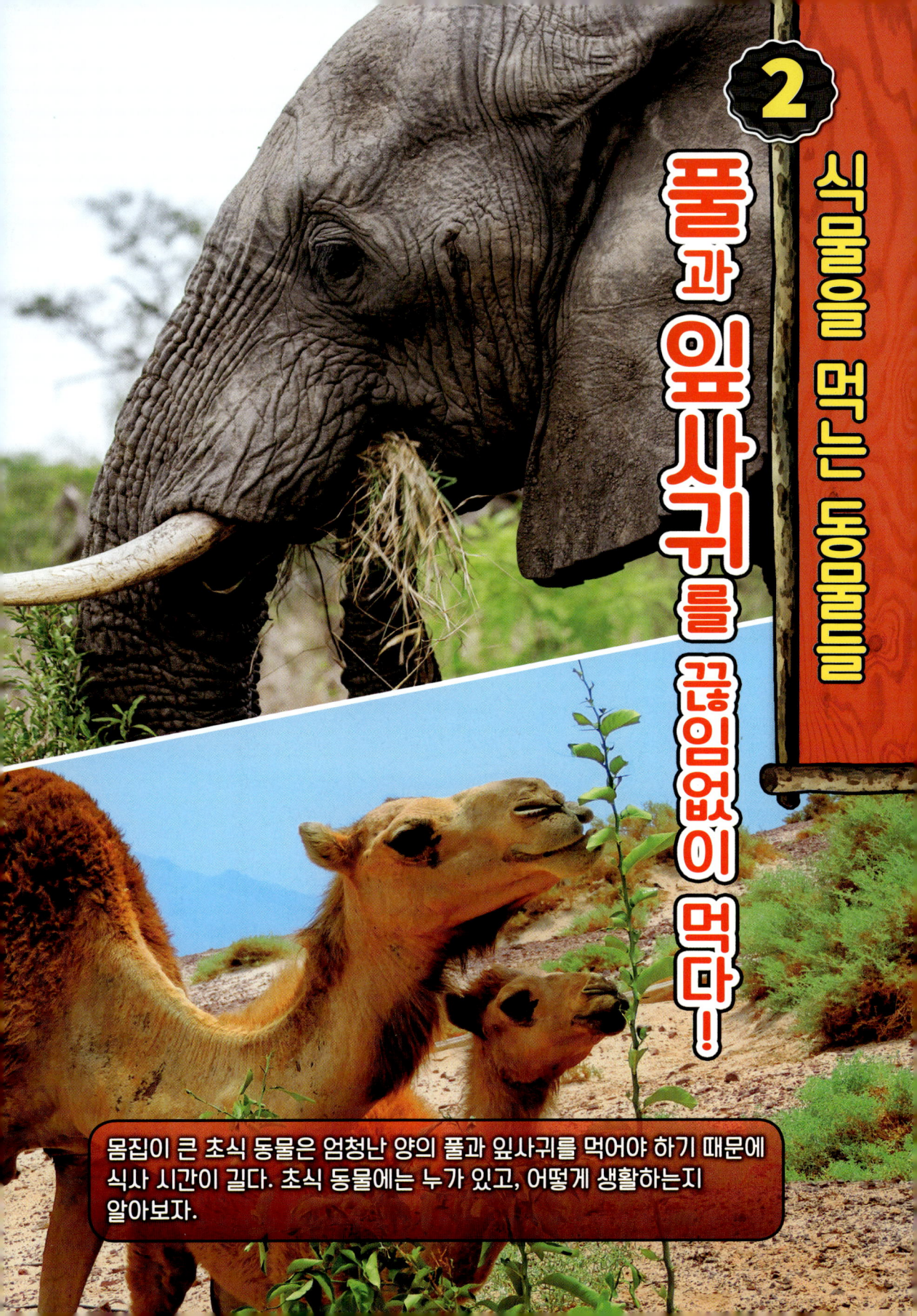

2 식물을 먹는 동물들
풀과 잎사귀를 끊임없이 먹다!

몸집이 큰 초식 동물은 엄청난 양의 풀과 잎사귀를 먹어야 하기 때문에 식사 시간이 길다. 초식 동물에는 누가 있고, 어떻게 생활하는지 알아보자.

사슴

수컷 사슴은 머리에 나뭇가지처럼 생긴 뿔이 있으며 매년 새로운 뿔이 난다. 풀과 잎사귀를 먹는 초식 동물이다.

꼬리
위험한 상황이 닥치면 꼬리의 흰 털을 세워서 동료들에게 알린다.

뿔
수컷은 적과 싸우기 위해 머리에 뿔이 난다.

눈
얼굴의 양쪽에 눈이 있으며 넓은 범위를 볼 수 있다.

동물 10초 퀴즈

Q. 새끼 사슴이 가지고 있는 무늬는?
❶ 몸에 반점 무늬가 있다.
❷ 몸에 줄무늬가 있다.
❸ 몸에 아무런 무늬도 없다.

사슴의 생태

위험한 상황

사슴의 놀라운 점프력

뒷다리 근육이 발달해서 깜짝 놀랄 정도의 점프력을 지녔다. 때로는 높이 3m의 울타리도 가볍게 뛰어넘는다.

멀리 점프해서 도망치다!

뿔로 공격하다!

수컷의 싸움

암컷을 둘러싼 싸움

번식기가 되면 수컷은 암컷을 차지하기 위해 서로 뿔을 부딪치며 싸움을 벌인다.

사슴의 기본 정보

크 기	58~350㎝
먹 이	나뭇잎 등
서식 환경	숲속, 초원, 산지 등

사슴의 종류

일본사슴

크 기 90~110cm

서식지 일본·동아시아

산림이나 초원 지대에 서식하며, 보통 10여 마리가 무리를 지어 생활한다. 야행성으로 아침과 저녁에 주로 활동한다.

아기사슴

숲속에 사는 작은 사슴이다. 위험이 닥치면 개처럼 커다란 소리로 짖는다. 초식성으로 나뭇잎과 나뭇가지, 열매 등을 먹는다.

크 기 70~83cm

서식지 동아시아·대만

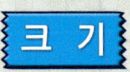

A. ❶ 성장하면서 사라지는 종류도 있지만, 새끼 사슴의 몸에는 흰색 반점 무늬가 있다.

순록

| 크 기 | 1.5~2.3m | 서식지 | 북극권 |

북극에 가까운 추운 지역에 서식하며, 사슴 종류 중에 유일하게 암컷에게도 뿔이 난다. 사람이 가축으로 키우기도 하며, 산타클로스의 썰매를 끄는 동물로 유명하다.

말코손바닥사슴

사슴 종류 중에 가장 몸집이 크다. 수컷은 체중이 약 800kg이며, 편평한 손바닥 모양의 뿔이 있다. 뿔의 좌우 끝에서 끝까지의 너비가 약 2m나 된다.

| 크 기 | 2.3~3.1m | 서식지 | 북반구의 북부 지역 |

궁금한 사슴 이야기

호기심 1 사슴의 뿔은 부러져도 괜찮을까?

① 사슴의 뿔은 소나 양과는 다르게 매년 뿔이 빠지고 새롭게 자란다. 그러므로 뿔이 부러져도 다음 해에는 원래대로 돌아온다.

② 봄이 되면 뿔이 빠지고 새로운 뿔이 자란다. 새로운 뿔은 얇은 피부로 덮여 있으며 이 피부 안에서 뿔이 만들어진다.

피부밑에 혈관이 있어서 뿔에 영양을 공급해 주지.

③ 가을이 되면 나무나 돌에 뿔을 문지른다. 그러면 얇은 피부가 벗겨지고 단단한 뿔이 모습을 드러낸다.

④ 수컷 사슴은 암컷을 차지하기 위해 뿔을 부딪치며 싸움을 한다.

돌격!

호기심 2 사슴은 먹이가 부족하면 나무껍질까지 먹어 치운다고?

1 사슴은 겨울에 주요 먹이인 식물이 적어지면 나무껍질을 먹기도 한다.

2 껍질이 벗겨진 나무는 말라 죽고 만다. 최근에는 사슴이 많아져서 산림의 피해가 우려되고 있다.

호기심 3 산타클로스의 썰매를 끄는 순록의 코는 정말 빨간색일까?

순록의 코는 사실 빨갛지 않다. 눈 아래에 파묻힌 이끼를 파먹을 때 코를 눈 속에 집어넣어야 하므로 춥지 않도록 코가 털로 뒤덮여 있다.

낙타

등에 솟아 있는 혹이 유명하지만 남아메리카에 사는 낙타는 혹이 없다. 건조한 기온을 잘 견뎌 내는 동물이다.

콧구멍
모래가 들어가지 않게 콧구멍을 여닫을 수 있다.

눈썹
모래가 눈에 들어가지 않도록 속눈썹과 눈썹이 길다.

혹
지방이 저장되어 있다. 햇빛을 가려서 몸이 너무 뜨거워지지 않게 조절하는 역할을 하기도 한다.

동물 10초 퀴즈

Q. 낙타는 위험을 느끼면 어떻게 할까?
① 상대방을 발로 걷어찬다.
② 상대방을 혹으로 밀어붙인다.
③ 지독한 냄새가 나는 침을 뱉는다.

낙타의 생태

가시도 냠냠!

식사 — 가시도 먹는 낙타

윗입술이 발달해서 뾰족한 가시가 있는 식물도 요령껏 씹어 먹는다.

짐을 잔뜩 싣고 앞으로 이동!

노동 — 사막의 중요한 이동 수단

더위와 건조한 날씨에 강한 낙타는 사막의 중요한 이동 수단이다. 짐이나 사람을 싣고 몇 날 며칠 동안 거의 아무것도 먹지 않고 이동할 수 있다.

낙타의 기본 정보

크기	2.2~3.4m
먹이	풀, 나뭇잎 등
서식 환경	사막

낙타의 종류

단봉낙타
아프리카나 아랍의 사막에서 이용하는 낙타로 야생 단봉낙타는 멸종되었으며 모두 가축으로 키워진다. 등에 혹이 1개 있으며 혹의 크기는 영양 상태에 따라서 다양하다.

크 기 3m
서식지 서아시아·아프리카

쌍봉낙타

등에 혹이 2개인 낙타이다. 야생 쌍봉낙타는 불과 1,000여 마리밖에 남지 않아서 멸종 위기에 놓여 있다.

크 기 3.5m
서식지 중국 서부·몽골

A.❸ 낙타와 알파카는 위험을 느끼면 상대방에게 매우 지독한 냄새가 나는 침을 뱉는다.

알파카

안데스산맥에서 오래전부터 길러 온 가축이다. 품질 좋은 털을 얻을 수 있는 동물로 유명하다. 털색은 흰색과 갈색 등 여러 가지이다. 등에 혹이 없다.

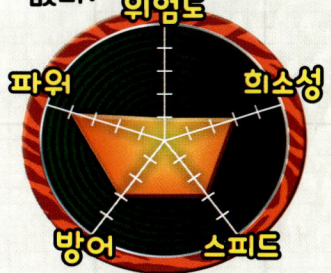

크 기 1.2~2.3m

서식지 남아메리카 중부

비쿠냐

안데스산맥에 사는 야생 낙타이며 등에 혹이 없다. 약 10마리 정도의 비쿠냐가 무리를 이루며 생활한다. 매우 품질이 좋은 털을 얻을 수 있다.

크 기 1.3~1.9m

서식지 남아메리카 중부

궁금한 낙타 이야기

호기심 1 낙타가 사막에서 살아가는 비결은 무엇일까?

1 가장 큰 비결은 등의 혹에 있다. 혹 안에는 지방이 쌓여 있어서 며칠 동안 먹이를 섭취하지 않아도 활동할 수 있다.

혹 안에 있는 지방은 먹이가 없을 때 영양분이 되어 주지.

2 더욱이 물을 마시면 한 번에 100L 이상의 물을 마셔서 혈액에도 수분을 저장할 수 있다고 한다.

더 마실 수 있어.

3 사람은 더우면 땀을 흘려서 체온이 높아지지 않게 조절하지만, 낙타는 체온이 다소 높아져도 영향을 받지 않아서 땀을 잘 흘리지 않는다.

4 또한 발굽의 폭이 넓어서 모래에 파묻히지 않아 무거운 짐도 거뜬히 운반할 수 있다.

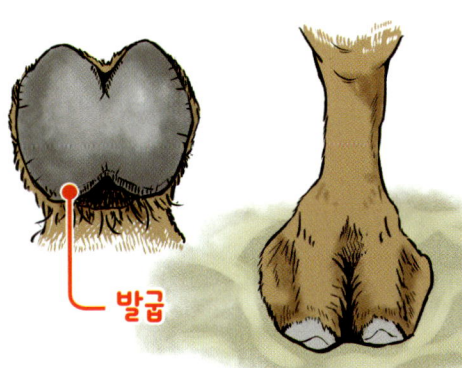

발굽

호기심 2: 낙타가 걷는 방법은 말이 걷는 방법과 완전히 다르다고?

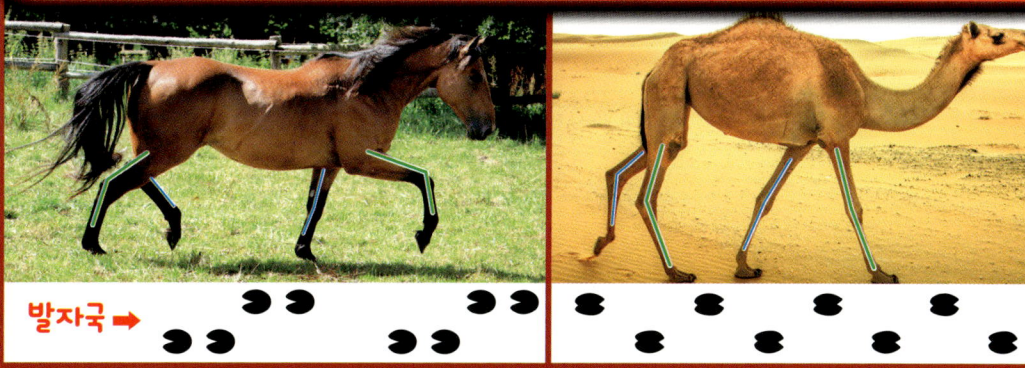

발자국 ➡

말은 오른쪽 앞다리와 왼쪽 뒷다리, 왼쪽 앞다리와 오른쪽 뒷다리를 동시에 앞으로 내밀며 걷는다. 하지만 낙타는 오른쪽 앞다리와 오른쪽 뒷다리, 왼쪽 앞다리와 왼쪽 뒷다리를 각각 동시에 움직인다. 그러므로 발자국의 순서도 달라진다. 낙타의 걷는 방법 덕분에 흔들림이 덜해서 등 위에 앉은 사람이 더 편안하다고 한다.

재밌는 동물 뉴스
매서운 추위에도 강한 낙타

쌍봉낙타

낙타가 사는 사막은 낮에는 뜨거운 햇볕이 내리쬐어 무덥지만, 밤이 되면 급격하게 기온이 떨어진다. 그래서 낙타는 추위도 이겨 내야만 한다.

특히 야생 쌍봉낙타가 사는 몽골의 고비 사막은 겨울에 영하 40℃까지 내려가므로, 눈이 조금 내려도 낙타는 충분히 견딜 수 있다.

코뿔소

흰코뿔소는 코끼리 다음으로 커다란 육지 동물이다. 몸은 단단한 피부로 뒤덮여 있고 머리에는 1개 또는 2개의 뿔이 있다.

귀
나팔처럼 생긴 귀는 왼쪽 오른쪽을 따로 움직일 수 있으며, 아주 작은 소리도 놓치지 않는다.

뿔
뼈가 아니라 '케라틴'이라는 단백질로 이루어져 있다. 적과 싸울 때 사용한다.

다리
앞다리, 뒷다리 모두 3개의 발가락이 있다.

동물 10초 퀴즈

Q. 흰코뿔소의 수명은 얼마나 될까?
1. 약 15~20년
2. 약 45~50년
3. 약 95~100년

코뿔소의 생태

생활 — 검은코뿔소의 생활

검은코뿔소는 대부분 1마리의 새끼를 낳는다. 새끼가 3살이 될 때까지 어미와 함께 생활한다.

새끼는 어미와 함께!

더위를 식히다!

목욕 — 진흙 목욕하는 코뿔소

기온이 올라 더워지면 물웅덩이의 진흙을 뒤집어쓰며 뜨거워진 몸을 식힌다. 진흙 목욕은 피부의 건조를 방지하고 기생충을 떼어 내는 효과가 있다.

코뿔소의 기본 정보

크 기	3~4m
먹 이	풀, 나뭇가지, 잎사귀 등
서식 환경	초원 등

코뿔소의 종류

흰코뿔소

코뿔소 중에 가장 몸집이 크며 수컷은 몸무게가 3.6t에 이르기도 한다. 뿔이 2개이다. 흰코뿔소의 아종으로 북부흰코뿔소와 남부흰코뿔소가 있다. 현재 북부흰코뿔소는 멸종 위기에 놓여 있다.

크 기 3.4~4.2m
서식지 아프리카

인도코뿔소

온몸이 갑옷처럼 단단한 피부로 덮여 있어서 호랑이의 이빨도 들어가지 않는다. 물에 자주 들어가며 수영이 주특기이다. 뿔은 1개이다.

크 기 3.1~3.8m
서식지 인도·파키스탄·네팔

A. ❷ 흰코뿔소의 수명은 약 45~50년이다.

크 기
3.0~3.8m

서식지
아프리카

검은코뿔소

키 작은 나무가 듬성듬성 자라 있는 환경을 좋아한다. 자유자재로 움직이는 뾰족한 윗입술로 나뭇잎을 잘게 씹어 먹는다. 뿔이 2개이다.

궁금한 코뿔소 이야기

호기심 1
흰색이 아닌데 흰코뿔소, 검은색이 아닌데 검은코뿔소라고 하는 이유는?

1 이런 이름이 붙여진 이유는 단지 '잘못 들어서'라고 한다.

검은코뿔소

흰코뿔소

2 흰코뿔소는 입이 양옆으로 넓게 벌어져 있다. 그래서 현지어로 'wijde(폭이 넓은)코뿔소'라고 불린다.

3 하지만 그 이름을 'white(흰색)코뿔소'라고 잘못 들어서 '흰코뿔소'라는 이름이 붙여졌다고 한다.

4 게다가 검은코뿔소는 흰코뿔소와 구별하기 위해 검은색이 아닌데도 '검은코뿔소'라는 이름을 붙였다고 한다.

호기심 2 코뿔소의 뿔을 노리는 사냥꾼이 많다는데 정말일까?

코뿔소의 뿔은 약효가 좋다고 해서 매우 비싼 가격으로 거래된다. 그래서 코뿔소의 뿔을 노리는 나쁜 사냥꾼이 끊이지 않아 코뿔소는 멸종 위기에 놓여 있다. 최근에는 뿔을 미리 자르거나 뿔에 마이크로칩을 이식해서 사냥꾼에게 잡히지 않도록 대책을 세우고 있다.

사냥꾼에게 뿔이 잘려서 죽은 코뿔소

재밌는 동물 뉴스
일본에서 발견된 코뿔소의 화석

코뿔소 화석

지금은 아프리카와 아시아의 일부 지역에만 서식하고 있지만, 몇십만 년 전에는 일본에도 코뿔소가 살았다고 한다. 야마구치현, 지바현 등의 지방에서 코뿔소의 화석이 발견되었다.

하마

커다란 입으로 유명하다. 낮에는 물에서 생활하며 밤에는 땅으로 올라와 풀을 뜯어 먹는다. 사실은 고래에 가까운 동물이다.

눈

눈 주변의 뼈가 돌출되어 있다. 귀와 눈, 코가 일직선으로 나란히 위치해서 그 부분만 물 밖으로 내놓을 수 있다.

발

앞발, 뒷발 모두 발가락이 4개이다. 발가락 사이에는 물갈퀴가 있지만 넓게 펼칠 수는 없다.

입

약 150도까지 크게 벌릴 수 있으며, 대량으로 풀을 뜯어 먹거나 싸울 때 사용한다.

동물 10초 퀴즈

Q. 하마가 하루에 먹는 풀의 양은?
1. 아기의 몸무게만큼 먹는다.
2. 중학생의 몸무게만큼 먹는다.
3. 씨름 선수의 몸무게만큼 먹는다.

하마의 생태

식사 — 풀을 먹는 하마
어두워지면 땅 위로 올라와 풀을 뜯어 먹는다. 자주 지나다니는 곳은 길처럼 흔적이 남는다.

밤에 풀을 먹다!

수컷의 다툼 — 커다란 입으로 공격
번식기가 되면 암컷을 사이에 두고 수컷끼리 입으로 싸움을 벌인다. 영역 다툼을 하기도 한다.

입으로 싸우다!

하마의 기본 정보

크 기	3~5m
먹 이	풀
서식 환경	초원, 물가

궁금한 하마 이야기

호기심 1 하마는 스스로 자외선 차단제를 바른다고?

1 주로 물속에서 생활하는 하마는 피부가 쉽게 건조해지고 햇빛에도 약하다.

2 그래서 온몸에 미끈거리는 붉은 액체를 분비해서 자신의 피부를 보호한다.

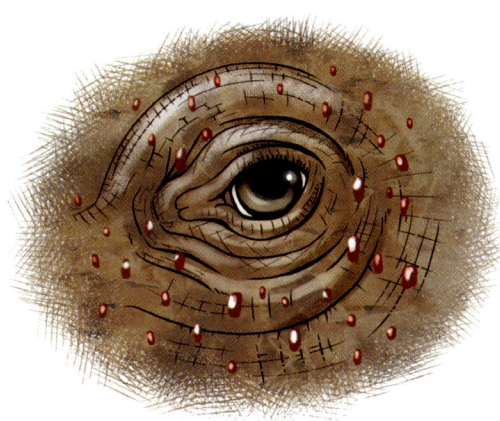

3 이 붉은 액체는 피가 아니라 땀과 비슷한 것으로, 자외선을 차단하는 동시에 살균 작용을 하기도 한다.

피가 나오는 건 아니니까 걱정하지 마!

A. ❷ 중학생의 평균 몸무게는 약 40~50kg이다. 하마는 매일 이만큼의 풀을 먹는다.

호기심 2 하마는 졸려서 입을 크게 벌리고 하품을 하는 걸까?

하마는 졸려서 하품하는 것이 아니라, 적을 위협하기 위해 입을 크게 벌린다. 하지만 하마는 야행성이기 때문에 낮에는 정말로 졸려서 하품을 하는지도 모른다.

호기심 3 하마는 커다란 덩치로 헤엄을 칠 수 있을까?

하마는 물에 잘 가라앉으므로, 헤엄을 친다기보다 강이나 늪의 바닥을 걸어 다니듯이 이동한다. 5분 넘게 숨을 참으며 천천히 걸어 다닌다.

> 다들 물속에서 걸어 다니는 거 아니야?

코끼리

육지에 사는 가장 큰 동물이다. 몸집이 너무 커서 코끼리를 쓰러트릴 수 있는 동물은 거의 없다.

코
코와 윗입술이 하나로 길게 이어져 있다. 무거운 물건을 들어 올리거나 냄새를 맡고, 소리를 내기도 하며, 먹이를 먹을 때 사용하는 등 여러 가지 일을 한다.

엄니
수컷과 암컷 모두 엄니가 있지만, 수컷의 엄니가 더 길다. 나무껍질을 벗기거나 흙을 파헤칠 때 사용한다.

동물 10초 퀴즈

Q. 코끼리가 100m 달리기를 하면?
❶ 고속 열차보다 빠르다.
❷ 사람의 세계 기록만큼 빠르다.
❸ 사람이 걷는 정도의 빠르기이다.

피부

코와 입 주변, 다리, 등과 같이 다치기 쉬운 부분은 두꺼운 피부로 덮여 있다.

발

발바닥은 마치 방석처럼 부드러우며 걸을 때 소리가 나지 않는다.

▲코끼리의 발바닥

81

코끼리의 생태

우리는 한 가족!

생활 — 암컷 중심의 가족 생활

암컷 우두머리와 새끼들로 가족을 이루며 무리를 지어서 생활한다. 수컷은 무리를 이루지 않고 혼자서 생활한다.

새끼 코끼리는 무리 안에서 어미와 함께 생활한다. 수컷 새끼도 어미와 함께 지내다가 다 크면 무리를 떠난다.

A. ❷ 시속 약 40km로 달린다. 100m를 9초대로 달리는 육상 선수의 최고 기록과 비슷한 속도이다.

공격 — 위협적인 코끼리

위험을 감지하면 귀를 펼치고 커다란 울음소리를 내며 돌진한다. 특히 몸집이 큰 수컷일수록 성질이 난폭하고 위험하다.

돌격 앞으로!

긴 코로 휘감다!

식사 — 코끼리의 식사법

긴 코를 나뭇가지에 휘감아서 나뭇잎을 먹는다. 풀이나 나무뿌리, 나무껍질 등 식물이라면 뭐든지 먹어 치운다.

코끼리의 기본 정보

크 기	3~5m
먹 이	나뭇잎, 나무껍질 등
서식 환경	초원, 사막, 산지

코끼리의 종류

아시아코끼리

인도와 동남아시아의 숲속에 서식하는 코끼리이다. 아프리카코끼리보다 몸집이 작으며 귀와 엄니의 크기도 작다. 예로부터 사람에게 길들여져서 짐을 운반하거나 축제에 이용되기도 한다.

▶암컷의 엄니는 작아서 잘 보이지 않을 때도 있다.

크 기 3.5m   서식지 남·동남아시아

코끼리의 피부 두께

둥근귀코끼리

크 기 3~4m | 서식지 아프리카

아프리카코끼리

아프리카 중부에서 서부에 이르는 숲속에 서식한다. 아프리카코끼리보다 작으며 귀가 둥근 모양이다. 몸 색깔이 약간 진하며 몸에 털이 나 있다.

아프리카의 사바나에 서식하는 육지 최대 크기의 동물이다. 어른 코끼리는 하루에 200~300kg의 식물을 먹어 치우고 약 100kg의 똥을 싼다.

크 기 4~5m | 서식지 아프리카

궁금한 코끼리 이야기

호기심 1 — 코끼리의 코는 왜 길까?

① 아주 먼 옛날 코끼리의 조상은 코가 짧고 몸집도 개 정도의 크기였다고 한다. 처음에는 물가에서 생활했지만, 넓은 초원으로 진출하면서 몸집이 점점 커다랗게 진화했다.

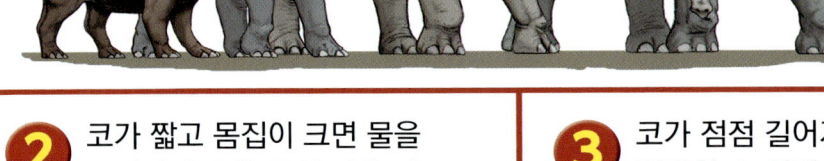

코끼리의 조상들: 포스파테리움, 팔라이오마스토돈, 곰포테리움, 스테고돈

② 코가 짧고 몸집이 크면 물을 마시거나 풀을 뜯어 먹을 때 쭈그려 앉아야 해서 에너지가 필요하다.

"코가 짧아서 불편하네."

③ 코가 점점 길어지면서 에너지를 절약할 수 있게 되었다.

"한결 편하지 뭐야~."

호기심 2 엄청나게 커다란 코끼리의 귀는 어떤 역할을 할까?

① 코끼리는 매우 커다란 귀를 지녔다. 특히 아프리카코끼리의 귀는 생물 중에 가장 커다랗다고 한다.

② 귀에는 수백 가닥의 혈관이 있다. 더울 때는 귀를 펄럭여서 혈관을 식히고 체온을 조절한다.

"반으로 접은 담요만큼 귀가 커다란 코끼리도 있어."

펄럭 펄럭

"그렇다고 귀를 펄럭여서 하늘을 날 순 없어."

호기심 3 코끼리는 사람이 듣지 못하는 소리로 대화를 한다고?

"안녕!" "잘 지냈어?"

코끼리는 사람이 듣지 못하는 매우 낮은 소리를 내서 의사소통을 한다. 그 소리는 4km가 넘는 곳까지 들린다고 한다.

기린

육지 동물 중에 가장 키가 크다. 오랫동안 1종류뿐이라고 알려졌지만, 실제로 4종류의 기린이 있다는 사실이 밝혀졌다.

뿔
암컷과 수컷 모두 뿔을 가지고 있다.

눈
시력이 매우 좋으며 키가 커서 멀리까지 내다볼 수 있다.

목
길이가 약 2m나 되지만, 목뼈의 개수는 사람과 똑같이 7개이다. 튼튼한 근육으로 긴 목을 지탱한다.

다리
발가락이 2개이다. 시속 약 50km로 달릴 수 있으며, 적을 걷어차는 무기로 사용하기도 한다.

동물 10초 퀴즈

Q. 새끼 기린의 키는 얼마나 될까?
1. 낮은 탁자 정도의 높이이다.
2. 의자 정도의 높이이다.
3. 커다란 냉장고 정도의 높이이다.

기린의 생태

목으로 밀치고 휘감는 기술!

수컷의 싸움 — 기린의 힘겨루기
암컷을 사이에 두고 수컷끼리 목으로 밀치고 휘감으며 격렬하게 싸움을 벌인다.

목이 긴 기린!

식사 — 긴 혀로 나뭇잎을 냠냠
다리와 목뿐만 아니라, 혀도 매우 길어서 다른 동물들이 닿지 않는 높은 나무의 잎사귀를 먹을 수 있다.

기린의 기본 정보

크 기	3.8~4.7m
먹 이	나뭇잎, 새싹
서식 환경	초원

기린의 종류

마사이기린

몸의 얼룩무늬 모양이 복잡하고 들쭉날쭉하다. 아카시아나무나 살구나무에서 나뭇잎, 꽃, 새싹 등을 뜯어 먹는다.

크 기	5.9m
서식지	아프리카 동부

오카피

목은 길지 않지만, 기린의 일종이다. 숲속 깊은 곳에 살며 좀처럼 모습을 드러내지 않는 신비한 동물이다. 20세기에 들어서 처음 발견됐다.

크 기	2.5m
서식지	아프리카 중부

A. ❸ 갓 태어난 새끼 기린의 키는 약 1.8~2m이다.

그물무늬기린

황갈색 무늬와 흰색 선이 마치 그물처럼 보인다. 자랄수록 몸 색깔은 더 짙어진다. 후각과 청각이 뛰어나다.

크 기 5.7m
서식지 아프리카 동부

? 궁금한 기린 이야기

호기심 1 — 기린의 목은 왜 길까?

① 기린의 조상은 원래 목이 긴 종류와 목이 짧은 종류가 존재했다고 한다.

② 목이 짧으면 물을 마실 때 쭈그리고 앉아야 해서 목이 짧은 기린은 점점 사라지게 되었다.

아이 귀찮아.

③ 목이 길면 선 채로 물을 마실 수 있으며 적이 나타났을 때 빨리 도망칠 수 있다.

앉지 않아도 되니까 편해!

④ 높은 곳의 먹이를 쉽게 먹거나 멀리 있는 적을 발견할 수도 있다.

높은 곳의 나뭇잎은 다 내 차지야!

호기심 2. 기린의 혀는 왜 보라색일까?

기린의 혀가 보라색인 이유는 '멜라닌'이라는 물질 때문이다. 이 물질은 강한 햇빛으로부터 혀를 보호하는 역할을 한다. 사람이 햇빛을 쐬면 피부가 검게 타는 것도 햇빛으로부터 피부를 보호하려는 멜라닌의 작용 때문이다.

호기심 3. 기린은 잘 때 커다란 침대가 필요할까?

1. 야생 기린은 선 채로 잠을 잔다. 위험한 적으로부터 재빨리 도망쳐야 하기 때문이다. 하루의 수면 시간은 고작 1시간 정도라고 한다.

2. 적에게 쫓길 걱정이 없는 동물원의 기린은 이런 자세로 잠을 자기도 한다. 기린에게 침대는 필요하지 않다.

코알라

코알라는 대부분의 시간을 나무 위에서 보낸다.
유칼립투스 잎을 먹을 때를 제외하고는 계속 잠만 잔다.

가슴샘
수컷의 가슴에는 냄새 물질을 분비하는 '가슴샘'이 있으며, 나무에 문질러서 영역을 표시한다.

앞발
검지와 중지 사이가 벌어져 있다. 편평하고 크며, 발가락으로 나뭇가지를 꽉 붙잡을 수 있다.

아기 주머니
암컷의 아랫배에 드나들 수 있는 주머니가 있어서 새끼를 주머니 안에서 키운다.

동물 10초 퀴즈

Q. 코알라는 둥지를 어떻게 만들까?
① 유칼립투스 잎으로 만든다.
② 나무 구멍을 둥지로 사용한다.
③ 따로 둥지를 만들지 않는다.

코알라의 생태

식사 — 주식은 유칼립투스 잎

350종이 넘는 유칼립투스 중에 코알라는 20여 종의 유칼립투스 잎을 먹는다. 다른 나뭇잎을 먹지 않아서 동물원에서 키우기 까다로운 동물이다.

천천히 꼭꼭!

업어서 키우다!

양육 — 언제나 어미와 함께

아기 주머니 안에서 성장한 새끼가 약 6개월 후에 주머니에서 나오면 어미는 새끼를 등에 업어서 키운다. 그렇게 6개월이 더 지나고 나서야 새끼는 어미에게 떨어져서 생활한다.

코알라의 기본 정보

크 기	82㎝
먹 이	유칼립투스 잎
서식 환경	숲속

95

궁금한 코알라 이야기

호기심 1

코알라가 먹는 유칼립투스 잎에는 독이 있다는데 사실일까?

① 코알라가 먹는 유칼립투스 잎에는 독성이 있어서 다른 동물은 먹을 수 없다.

② 코알라는 기다란 소화 기관을 지녔으며 이 소화 기관에서 독을 분해한다.

③ 게다가 새끼 코알라는 어미의 똥을 받아먹는다. 유칼립투스 잎의 소화를 돕는 미생물을 어미의 배설물에서 얻기 위해서라고 한다.

A. ③ 주로 나무 위에서 생활하지만, 따로 둥지를 만들지 않고 나뭇가지 사이에서 잠을 잔다.

호기심 2: 코알라의 코는 왜 그렇게 클까?

① 유칼립투스는 350종이 넘는다고 한다. 하지만 코알라가 먹는 종류는 20여 종뿐이다.

② 먹을 수 있는 유칼립투스 잎인지 아닌지 냄새로 확실히 구분해야 하므로 코가 커졌다고 한다.

호기심 3: 코알라는 잠꾸러기라고?

코알라가 독차지하는 유칼립투스는 사실 영양분이 매우 적은 나무이다. 그래서 코알라는 에너지를 아끼기 위해 하루에 약 20시간 동안 잠을 잔다. 동물 중에 수면 시간이 가장 길다.

놀랍다! 청소하는 새

소등쪼기새

아프리카의 초원에 사는 새이다. 이름처럼 소와 하마, 기린과 같은 초식 동물의 몸에 달라붙어서 작은 곤충을 쪼아 먹는다. 소등쪼기새는 먹이를 얻을 수 있고 초식 동물은 몸을 깨끗이 할 수 있어서 서로 도움을 주고받는 공생 관계이다.

◀ 소등쪼기새가 아프리카들소를 청소해 주고 있다. 콧속이나 귓속으로 들어가기도 한다.

목이 길어서 청소하기 힘들어!

오늘도 잘 부탁해~.

3 잡식 동물들
뭐든지 가리지 않고 먹다!

곤충이나 물고기, 작은 동물, 나뭇잎 등 고기와 식물을 가리지 않고 먹는 동물을 '잡식 동물'이라고 한다. 잡식 동물에는 누가 있고, 어떻게 생활하는지 알아보자.

곰

지상 최대급의 사나운 육식 동물이지만, 과일이나 풀뿌리 같은 식물도 좋아한다. 곰은 대부분 북반구의 숲에 서식한다.

코
후각이 매우 발달해서 개보다 7배나 더 민감하다.

입
날카롭게 튀어나온 커다란 엄니가 있다. 먹잇감의 살을 찢어 먹는다.

발
앞발과 뒷발 모두 발가락이 5개이다. 커다랗고 구부러진 발톱이 있어서 발을 오므리지 못한다.

동물 10초 퀴즈

Q. 곰은 얼마나 빨리 뛸까?
① 1시간에 약 10km
② 1시간에 약 30km
③ 1시간에 약 50km

곰의 생태

물고기를 잡아라!

식사 — 물고기 사냥

연어는 불곰의 중요한 식량 중 하나이다. 강폭이 좁은 곳이나 얕은 여울 등 물고기를 잡기 좋은 장소를 노린다.

겨울잠을 자러 가다!

겨울나기 — 겨울잠의 비밀

날씨가 추워지면 나무 구멍이나 땅굴에 들어가서 겨울잠을 잔다. 거의 움직이지 않으며 대소변도 보지 않는다. 임신한 암컷은 겨울잠을 자다가 새끼를 낳기도 한다.

곰(불곰)의 기본 정보

크 기	2~3m
먹 이	식물, 물고기, 곤충 등
서식 환경	숲속, 초원, 산지 등

곰의 종류

갓 태어난 새끼 판다의 크기

북극곰

위험도 / 파워 / 희소성 / 방어 / 스피드

수영이 주특기이며 차가운 북극 바다를 아무렇지도 않게 헤엄쳐서 몇십 km를 이동하기도 한다. 바다표범을 습격해서 잡아먹는다.

크 기	1.6~3m
서식지	북극권

반달가슴곰

위험도 / 파워 / 희소성 / 방어 / 스피드

도토리를 좋아하는 곰으로 유명하지만, 고기도 매우 좋아해서 자주 먹는다. 동굴이나 나무 구멍에 집을 만든다.

가슴에 흰색 반달무늬가 있어서 '반달가슴곰'이라는 이름이 붙었다.

크 기	1.4~1.7m
서식지	아시아

A.③ 1시간에 약 50km를 달리고, 1초에 약 13m를 달리는 뛰어난 달리기 선수이다.

태양곰

열대나 아열대 지역의 정글에 서식한다. 몸집이 가장 작은 곰이다. 흰개미를 가장 좋아하며 겨울잠은 자지 않는다.

크 기 1.4m　**서식지** 동남아시아

크 기
1.5~1.8m

서식지
중국

대나무를 주로 먹으며, 앞발로 물건을 잡을 수 있다. 성질이 온순하고 겨울잠은 자지 않는다.

대왕판다

? 궁금한 곰 이야기

호기심 1
북극곰의 피부가 검은색이라고? 추위를 타지 않는 북극곰의 비밀은?

① 북극곰의 흰색 털 아래의 피부는 사실 거무스름하다.

② 하얗게 보이는 털도 사실은 투명색이다. 북극곰의 털은 가운데가 대롱처럼 텅 비어 있는데, 그 공간에서 빛이 산란되어 흰색으로 보이는 것이다.

③ 햇빛이 검은 피부에 닿으면 몸이 따뜻해진다. 또한 대롱처럼 생긴 털이 열의 손실을 막아 주기 때문에 얼음 위나 바다에서도 추위를 타지 않는다.

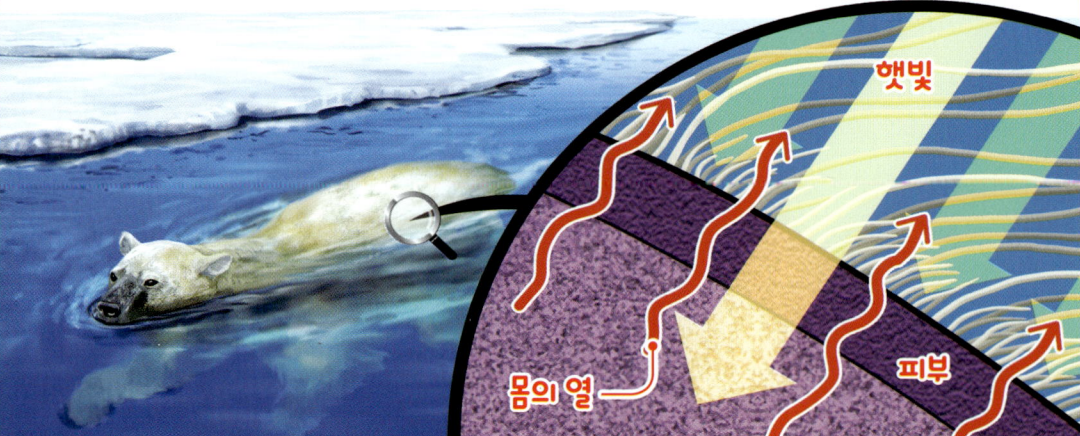

호기심 2 대왕판다는 정말 대나무만 먹을까?

1 사실 야생에서는 곤충을 잡아먹기도 한다. 하지만 대나무를 가장 즐겨 먹는다.

> 하루에 대나무 10kg 정도는 거뜬히 먹어 치우지!

2 대왕판다는 대나무를 먹어도 충분한 영양분을 얻지 못한다. 그래서 깨어 있는 시간에는 계속 무언가를 먹으며 생활한다.

> 동물원에서는 사과나 당근을 먹기도 해.

호기심 3 덩치는 커다랗지만 나무 타기가 주특기라고?

잡식 동물인 곰은 나무 열매나 나무순을 먹기도 한다. 그래서 나무 타기 실력이 매우 뛰어나다. 커다란 몸집으로는 상상하기 어려울 정도로 쉽게 나무를 타고 올라간다. 하지만 몸집이 엄청나게 거대해지는 불곰은 다 성장하고 나면 점점 나무에 오르지 않는다.

미국너구리

귀여운 얼굴을 하고 있지만, 실제 성격은 매우 사나운 편이다.
민감한 앞발을 이용해 먹잇감을 사냥한다.

눈 주변
눈 주변에 검은색 띠무늬가 있어서 너구리와 비슷하게 생겼다. 눈과 눈 사이에 검은색 줄이 있다.

앞발
발가락이 5개이며, 물건을 야무지게 붙잡을 수 있다.

꼬리
꼬리에 4~7개의 줄무늬가 있다.

동물 10초 퀴즈

Q. '허니베어'는 누구의 이름일까?
① 미국너구리의 다른 이름이다.
② 킨카주너구리의 다른 이름이다.
③ 붉은코코아티의 다른 이름이다.

미국너구리의 생태

앞발로 먹잇감을 사냥하다!

사냥 — 먹이를 잡는 방법

가재처럼 물에 사는 생물을 가장 좋아한다. 물속에 앞발을 넣어 뒤져 가며 먹잇감을 잡는다. 그 모습이 마치 먹잇감을 씻어 먹는 것처럼 보인다.

나무 구멍에서 새끼를 키우다!

양육 — 새끼 미국너구리의 둥지

원래 물가나 숲속에 사는 미국너구리는 매년 봄에 3~6마리의 새끼를 나무 구멍의 둥지에 낳아 키운다. 지금은 서식 장소가 넓어져서 사람이 사는 집의 천장 위에서 살기도 한다.

미국너구리의 기본 정보

크 기	42~60㎝
먹 이	곤충, 새, 물고기, 작은 동물, 식물
서식 환경	숲속, 초원, 물가, 도시 등

107

미국너구리의 종류

미국너구리

주로 밤에 물가에 나와서 가재, 물고기, 개구리 등을 잡아먹는다. 뾰족한 주둥이와 눈 주변으로 나 있는 굵고 검은색 띠무늬가 특징이다. 수영 실력이 뛰어나다.

크 기 42~60㎝
서식지 북아메리카

미국너구리 앞발의 길이

올링고

중앙아메리카의 정글에 사는 야행성 동물이다. 겉모습이 킨카주너구리와 매우 비슷해서 헷갈리기 쉽다. 꼬리가 매우 길며, 항상 나무 위에서 생활한다.

크 기 36~42㎝
서식지 중앙아메리카

A. ❷ 벌집에 긴 혀를 넣어 꿀을 핥아 먹어서 '허니베어'라고도 불린다.

킨카주너구리

고양이 크기만한 작은 동물이다. 나무타기가 주특기이며, 대부분 나무 위에서 생활한다. 혀가 매우 길어서 벌꿀이나 꽃꿀을 핥아 먹는다. 좋아하는 먹이는 과일이다.

| 크 기 | 40~60㎝ |
| 서식지 | 중앙·남아메리카 |

붉은코코아티

남아메리카의 정글에서 무리를 지어 산다. 크기는 고양이와 비슷하며, 길쭉한 코를 이용해 땅을 파서 벌레를 잡아먹는다.

| 크 기 | 41~67㎝ |
| 서식지 | 남아메리카 |

궁금한 미국너구리 이야기

호기심 1 너구리와 비슷하게 생겼는데 어떻게 다를까?

1 너구리로 착각하기 쉽지만, 미국너구리는 완전히 다른 동물이다. 너구리는 개에 가까운 동물이다.

내가 바로 너구리야!

2 얼굴을 자세히 들여다보면 확실히 다른 점을 발견할 수 있다.

너구리: 눈과 눈 사이에 검은색 줄이 없다. 귀 끝이 둥글다.

검은색 줄

미국너구리: 눈과 눈 사이에 검은색 줄이 있다. 귀 끝이 뾰족하다.

3 가장 간단한 구별법은 꼬리의 생김새이다. 미국너구리의 꼬리는 길쭉하고 줄무늬가 있다.

너구리

미국너구리

4 미국너구리는 발뒤꿈치를 바닥에 붙이고 걷지만, 너구리는 발끝으로 걷는다. 따라서 발자국 모양이 다르다.

너구리

미국너구리

호기심 2
미국너구리는 사람이 사는 주택가에서도 산다고?

앞발이 발달한 미국너구리는 능숙하게 나무를 오르고 헤엄도 칠 수 있다. 무엇보다 잡식성이라서 무엇이든 먹어 치운다. 이러한 미국너구리는 다양한 장소에서 살아남을 수 있는 생존 능력을 지녔다. 주택가에서 먹이를 찾기 위해 쓰레기통을 뒤지기도 하고 가정집의 천장 위에서 살거나 밭을 훼손하기도 해서 문제가 되고 있다.

재밌는 동물 뉴스
사람에게 피해를 주고 있는 야생 미국너구리

◀ 덫에 걸린 미국너구리

일본에서는 야생 미국너구리가 주택가에 출몰해 문제가 되기도 했다. 미국너구리는 원래 일본에 서식하지 않았는데, 반려동물로 키우기 위해 외국에서 들여왔다. 하지만 미국너구리는 개나 고양이처럼 길들이기 쉬운 동물이 아니어서 미국너구리를 바깥으로 풀어 주는 사람이 늘어났고, 결국 야생 미국너구리로 살아가게 되었다. 지금은 사람에게 피해를 주는 야생 미국너구리를 퇴치하는 활동을 벌이고 있다.

스컹크

아주 지독한 냄새를 풍기는 동물이다. 전 세계에 11종의 스컹크가 존재하며 검은색 바탕에 흰색 줄무늬가 있는 스컹크가 많다.

꼬리
탐스러운 털로 뒤덮였으며 몸통보다 길다.

몸 색깔
눈에 띄는 검은색과 흰색의 조합은 자신이 위험한 동물이라고 알려 주는 경고색이다.

엉덩이
엉덩이의 항문 근처에 지독한 냄새를 풍기는 '항문샘'이 있다.

동물 10초 퀴즈

Q. 스컹크의 냄새는 얼마나 퍼질까?
1. 화장실을 가득 채울 정도이다.
2. 교실 전체에 퍼질 정도이다.
3. 걸어서 15분 거리까지 퍼질 정도이다.

스컹크의 생태

악취 공격!

공격 — 꼬리를 치켜들고 발사

적을 만나면 엉덩이를 적에게 향하고 꼬리를 치켜들어 위협한다. 그래도 도망가지 않을 때는 지독한 냄새가 나는 액체를 내뿜어 공격한다. 약 2m가 넘게 액체가 날아가기도 하며 눈에 들어가면 실명할 수도 있다.

사람이 먹고 남긴 음식을 노려라!

사는 곳 — 주택가에서도 서식

스컹크는 사람이 사는 주택가에서도 쉽게 발견할 수 있다. 마루 밑이나 정원의 창고에 보금자리를 만들어서 새끼를 낳기도 한다.

스컹크의 기본 정보

크 기	34~85㎝
먹 이	곤충, 새, 물고기, 식물 등
서식 환경	숲속, 초원, 도시 등

스컹크의 종류

줄무늬스컹크

스컹크라고 하면 대부분 줄무늬스컹크를 이르는 말이다. 수컷은 검은색 바탕에 흰색 줄무늬가 있으며 암컷은 갈색에 가깝다. 고양이 크기만한 동물이다.

크 기	57~85㎝
서식지	북아메리카·중앙아메리카 북부

파타고니아스컹크

코 주변에 털이 없어서 분홍색 코가 마치 돼지코처럼 보인다. 돼지코스컹크의 일종이다. 코를 이용해 흙 속의 벌레를 찾아서 잡아먹는다.

크 기	34㎝
서식지	남아메리카 남부

A. ❸바람이 불지 않으면 반경 약 1km까지 퍼지며, 바람이 불면 약 2km까지 퍼지기도 한다.

서부얼룩스컹크

얼룩스컹크의 일종으로 북아메리카 서부 지역에 서식한다. 주로 곤충과 작은 포유류를 먹는다. 물구나무서기를 해서 엉덩이를 적에게 향하고 위협한다.

- 크 기 : 35~45㎝
- 서식지 : 북아메리카 서부·멕시코

말레이오소리

아시아의 정글에 사는 스컹크의 일종이다. 긴 코와 튼튼한 앞발의 발톱으로 땅을 파서 지렁이처럼 작은 동물을 잡아먹는다. 위험한 상황에 빠지면 엉덩이에서 지독한 냄새를 풍기는 액체를 내뿜는다.

- 크 기 : 51㎝
- 서식지 : 자바 섬·보르네오 섬

궁금한 스컹크 이야기

호기심 1
스컹크의 지독한 냄새는 방귀가 아니라고?

① 스컹크는 위험을 느끼면 엉덩이를 적에게 향하고 지독한 냄새를 풍긴다. 하지만 이것은 방귀를 뀌는 행동이 아니다.

② 항문 양쪽의 '항문샘'이라는 곳에서 지독한 냄새를 풍기는 액체를 내뿜는 것이다.

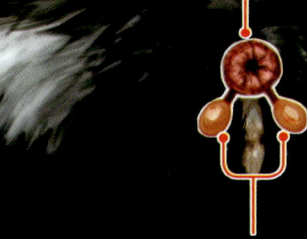
항문
항문샘

③ 사실 다른 동물도 항문샘을 가지고 있다. 족제비는 스컹크와 똑같은 방법으로 항문샘에서 액체를 내뿜는다. 개와 고양이의 항문샘은 퇴화해서 몸을 보호하는 역할은 하지 않으며 서로 항문샘의 냄새를 맡아서 정보를 알아내는 데 이용한다.

개 족제비 고양이

호기심 2. 모두가 피하는 스컹크에게도 천적이 있을까?

① 지독한 냄새를 풍기는 스컹크는 대형 육식 동물도 잡아먹기를 꺼리는 동물이다.

② 하지만 큰뿔부엉이는 아무렇지도 않게 스컹크를 잡아먹는다. 후각이 발달하지 않아서 냄새를 맡지 못하기 때문이다.

"이 녀석은 보내 줘야지."

재밌는 동물 뉴스
물구나무서기의 달인 '얼룩스컹크'

스컹크는 위험을 느끼면 꼬리를 치켜올려서 상대방에게 경고한다. 스컹크 중에서도 얼룩스컹크는 앞다리로 물구나무를 서서 경고하는 행동으로 유명하다. '위험하니 다가오지 마!' 하고 더 강력하게 경고의 신호를 보내는 것이다. 하지만 거꾸로 서기만 하고 액체를 내뿜지 않을 때도 있다. 액체의 양이 한정적이어서 되도록 낭비하지 말아야 하기 때문이다.

침팬지

유인원으로 신체 구조가 원숭이보다 사람에 더 가깝다. 도구를 사용할 정도로 머리가 좋으며 성질이 난폭한 동물이기도 하다.

눈

사람과 똑같이 정면을 향하고 있으며 사물을 입체적으로 볼 수 있다. 색깔을 보는 방식도 사람의 눈과 흡사하다.

손

엄지손가락과 다른 손가락 사이가 벌어져 있어서 물건을 꽉 잡을 수 있다.

동물 10초 퀴즈

Q. 침팬지는 몇 가지 목소리를 낼까?
❶ 5가지 목소리를 낼 수 있다.
❷ 15가지 목소리를 낼 수 있다.
❸ 30가지 이상의 목소리를 낼 수 있다.

어깨와 팔
어깨와 긴 팔의 근육이 발달해서 높은 나무도 쉽게 오를 수 있다.

사람과 닮은 침팬지
침팬지는 사람과 가장 닮은 동물이다. 두 다리로 일어설 수 있는 몸과 긴 팔을 지녔으며, 꼬리가 없고 뇌가 발달해서 지능이 높다. 원숭이 중에서 진화한 동물로 사람과 거의 비슷한 외모와 지능을 가진 침팬지, 오랑우탄, 고릴라 등을 '유인원'이라고 부른다. 일반 원숭이와는 다른 종으로 구분된다.

침팬지의 생태

언제나 동료들과 함께!

▼수컷끼리의 난폭한 싸움

생활
무리를 이루며 생활

수컷 우두머리를 중심으로 무리를 이루며 생활한다. 무리 안의 서열이 정해져 있어서 때때로 격렬하게 서열 싸움을 벌이기도 한다.

A. ❸ 마치 말을 하는 것처럼 30가지 이상의 여러 가지 소리를 낸다.

솜씨 — 침팬지의 지혜

흰개미 집에 나뭇가지를 넣어서 파먹기도 하고, 단단한 나무 열매를 돌로 포개는 등 도구를 사용하는 지혜를 지녔다.

도구를 사용하다!

먹잇감을 힘으로 제압하다!

식성 — 잡식성인 침팬지

주로 나뭇잎이나 과일을 먹지만, 때때로 무리 지어 원숭이나 멧돼지를 사냥해서 고기를 먹기도 한다.

침팬지의 기본 정보

크 기	90㎝
먹 이	과일, 나뭇잎, 새 등
서식 환경	숲속

유인원의 종류

오랑우탄

오랑우탄이 사는 지역의 언어로 '오랑'은 '사람'을 뜻하며 '우탄'은 '숲'을 뜻하는 말이다. 즉 '숲에 사는 사람'이라고 불리다가 그대로 이름이 되어 버렸다. 항상 나무 위에서 생활하며 좀처럼 땅으로 내려오지 않는다. 수컷은 어른이 되면 얼굴이 크고 넓적해진다.

- 위험도
- 파워
- 희소성
- 방어
- 스피드

침팬지의 엄지손가락 길이

크 기 1.4m

서식지 수마트라 섬·보르네오 섬

고릴라

아프리카의 숲에 사는 거대한 유인원이다. 야생 셀러리(채소 종류)와 과일을 매우 좋아한다. 조용히 생활하며 온순한 성격을 지녔다.

크 기 1.8m

서식지 아프리카

보노보

침팬지와 매우 비슷하게 생겼지만, 몸집이 더 작다. 종종 두 발로 서서 걸어 다닌다. 머리가 매우 좋으며 얌전한 성격을 지녔다.

크 기 80㎝

서식지 콩고

궁금한 유인원 이야기

호기심 1 침팬지와 고릴라는 왜 꼬리가 없을까?

1 침팬지와 고릴라 등의 유인원은 사람과 똑같이 꼬리가 없다.

2 몸집이 커다랗고 손과 발로 나뭇가지에 매달려서 이동하기 때문에 속도가 그다지 빠르지 않다.

3 그래서 균형을 잡을 수 있게 도와주는 꼬리가 필요 없어졌다고 한다.

4 하지만 침팬지와 고릴라에게는 꼬리의 흔적인 '꼬리뼈'가 남아 있다.

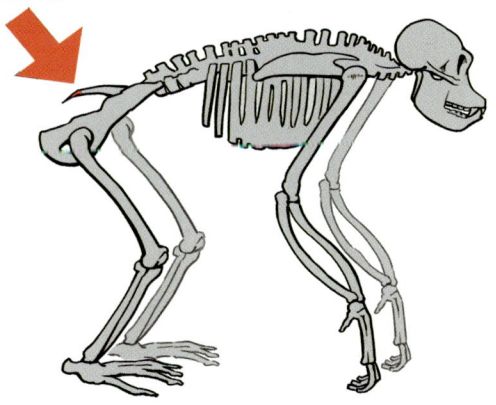

침팬지와 고릴라는 침대에서 잠을 잔다고?

1 침팬지와 고릴라, 오랑우탄은 나뭇가지와 잎사귀를 이용해 침대를 만들어서 그 위에서 잠을 잔다. 침팬지와 오랑우탄은 나무 위에서, 고릴라는 땅 위에 침대를 만든다.

고릴라의 침대

2 사람처럼 계속 같은 침대를 사용하는 것이 아니라 매일 새로운 침대를 만들어 사용한다. 불과 몇십 분 안에 침대 하나를 뚝딱 완성한다. 살아 있는 동안 몇 번이고 침대를 계속 만들어 내는 침대 만들기의 장인이다.

침팬지의 침대

호기심 3 - 고릴라는 왜 가슴을 두드릴까?

1 고릴라가 가슴을 두드리는 행동을 '드러밍(drumming)'이라고 하며, 주먹이 아닌 손바닥으로 가슴을 두드린다.

2 새끼 고릴라는 장난을 칠 때 가슴을 두드린다. 흥분하거나 기분이 좋을 때도 가슴을 두드린다.

신난다!

3 자기주장을 할 때도 가슴을 두드린다. 우두머리는 다른 무리에게 드러밍을 해서 자신의 무리에 가까이 다가오지 못하도록 경고의 신호를 보낸다.

4 예전에는 '한판 붙어 보자' 하는 공격의 신호로 이해했지만, 사실은 그렇지 않다. 다른 무리와 부딪치지 않도록 평화적으로 해결하는 방법인 셈이다.

고릴라가 난폭하다는 건 잘못된 생각이야!

침팬지는 매우 다양한 표정을 지을 수 있다고?

침팬지 등의 유인원은 사람과 똑같이 슬픈 표정을 짓거나 웃는 표정을 짓기도 한다. 잡기 놀이를 하거나 서로 간지럽히며 장난을 치기도 한다. 때로는 큰 소리로 웃을 때도 있다. 하지만 침팬지는 자신이 즐거울 때만 웃으며 사람과는 다르게 억지웃음을 짓지는 않는다.

간지러워서 웃는 보노보

재밌는 동물 뉴스
침팬지와 사람은 형제 같은 존재

침팬지와 사람은 약 500만 년 전에 다른 종류로 분리된 동물이라고 한다. 침팬지는 사람의 조상이 아니며, 단지 공통된 조상을 지닌 형제 같은 존재일 뿐이다.

일본원숭이

일본에만 서식하는 희귀한 원숭이이다. 원숭이 중에 가장 북쪽에 살며 얼굴과 엉덩이가 빨간 것이 특징이다.

볼주머니
볼에 주머니가 있어서 먹이를 보관할 수 있다.

꼬리
꼬리의 길이는 약 10cm밖에 되지 않는다. 추운 곳에 서식하므로 꼬리가 길면 동상에 걸릴 위험이 있기 때문이다.

◀ 볼주머니에 먹이를 보관한 새끼 원숭이

엉덩이
엉덩이를 땅에 붙이고 앉을 때 피부가 다치지 않도록 엉덩이 주변 피부가 딱딱하다.

동물 10초 퀴즈
Q. 일본원숭이가 하지 않는 행동은?
❶ 집에 먹이를 저장한다.
❷ 먹이를 씻어서 먹는다.
❸ 바다를 헤엄친다.

일본원숭이의 생태

꽃도 맛있게!

식사 — 주식은 식물

나뭇잎과 나무순, 과일 등의 식물을 주로 먹는다. 때때로 물맞이게나 해안에서 조개를 잡아먹을 때도 있다.

▼눈밭에서 새끼를 업고 강을 건너간다.

새끼를 업어서 키우다!

양육 — 어미의 새끼 사랑

새끼를 키우는 어미는 등에 새끼를 업어서 데리고 다닌다. 매년 봄에 1마리의 새끼를 낳는다.

일본원숭이의 기본 정보

크 기	52~57㎝
먹 이	과일, 씨앗, 잎사귀, 곤충 등
서식 환경	숲속, 산지

원숭이의 종류

코주부원숭이

크 기 70cm
서식지 보르네오 섬

강 옆에 펼쳐진 숲속에 산다. 수컷의 커다란 코가 특징이다. 위험한 상황이 닥치면 강으로 펄쩍 뛰어 들어가서 몸을 피한다.

맨드릴개코원숭이

크 기 76cm **서식지** 아프리카중서부

나무가 빼곡하게 자라는 깊은 숲속에서 생활한다. 낮에는 땅 위에서 활동하고 밤에는 나무에 올라가서 잠을 잔다. 매우 짙고 화려한 색깔의 얼굴이 특징이다.

A. ❶ 일본원숭이는 먹이를 씻어서 먹거나 바다를 헤엄치기도 한다.

망토개코원숭이

크 기 76㎝
서식지 아프리카 동부

수컷의 어깨에 망토처럼 기다란 털이 자라서 붙여진 이름이다. 고원(고도가 높은 넓은 벌판)의 바위 지대에 살며 땅 위를 걸어 다니며 생활한다.

북부평원회색랑구르

숲이나 밭 주변은 물론이고 사람이 사는 주택가에서도 쉽게 볼 수 있다. 하루의 80%를 지상에서 네발로 생활한다.

크 기 78㎝
서식지 인도 동부

❓ 궁금한 원숭이 이야기

호기심 1 일본원숭이의 얼굴과 엉덩이는 왜 빨간 걸까?

1 엉덩이 피부 아래의 혈관이 비쳐서 빨갛게 보이는 것이다. 사실 원숭이 중에서 얼굴과 엉덩이가 빨간 종류는 드물다.

2 녹색 숲속에 사는 일본원숭이는 빨간 얼굴로 동료를 구분한다.

너도 일본원숭이구나!

3 번식기가 되면 수컷의 얼굴과 엉덩이가 더욱 빨갛게 변한다. 그 이유는 무엇일까?

4 빨간색이 진할수록 암컷에게 인기가 많기 때문이다. 힘이 세다는 걸 나타내는 표시이기도 하다.

호기심 2 ## 서로의 몸을 쓰다듬어 주는 이유는 무엇일까?

서로의 털에 붙은 벌레의 알을 떼어 주는 행동으로, 이러한 행동을 '털 고르기'라고 한다. 털 고르기는 상대방의 긴장을 풀어 주고 같은 무리 안의 소속감이나 친근감을 더해 주는 효과도 있다.

재밌는 동물 뉴스

온천을 즐기는 귀여운 일본원숭이

일본원숭이는 원숭이 중에 가장 북쪽 지역에 서식한다. 눈이 많이 내리는 일본 나가노현에서는 일본원숭이가 온천에 들어가 있는 모습을 볼 수 있다. 날씨가 추우면 원숭이도 사람처럼 따뜻한 곳을 찾기 때문이다.

왜 그럴까? 알고 싶은 동물의 비밀
동물의 이빨에 관한 비밀

이빨의 역할은 무엇을 어떻게 먹느냐에 따라 달라진다. 육식 동물, 초식 동물, 잡식 동물은 저마다 이빨의 역할과 특징이 다르다.

▲고기를 찢어 먹는다.

▼나뭇잎을 씹어 먹는다.

▲풀을 으깨서 먹는다.

육식 동물
육식 동물의 이빨은 먹잇감을 삼킬 수 있는 크기로 자르는 역할을 한다. 잘라서 그대로 삼켜 버린다.

엄니
송곳니가 발달한 이빨이다. 먹잇감의 목숨을 끊는 강력한 무기로 사용한다.

찢고 자르는 이빨
끝이 뾰족하며 고기를 찢어 먹을 때 사용한다.

초식 동물

풀을 뜯는 앞니와 으깨서 먹는 어금니를 지녔다. 턱을 앞뒤, 좌우로 움직여서 잘게 씹고 으깨서 삼킨다.

물어뜯는 이빨
앞니는 얇고 납작하다. 위턱이나 아래턱, 한쪽에만 앞니가 나는 동물도 있다.

갈아 으깨는 이빨
어금니는 넓고 평평한 맷돌처럼 생겼다. 위아래의 어금니로 먹이를 으깨서 먹는다.

잡식 동물

고기를 찢는 송곳니, 물어뜯는 앞니, 갈아 으깨는 어금니를 모두 지니고 있어서 고기와 식물을 다 먹을 수 있다.

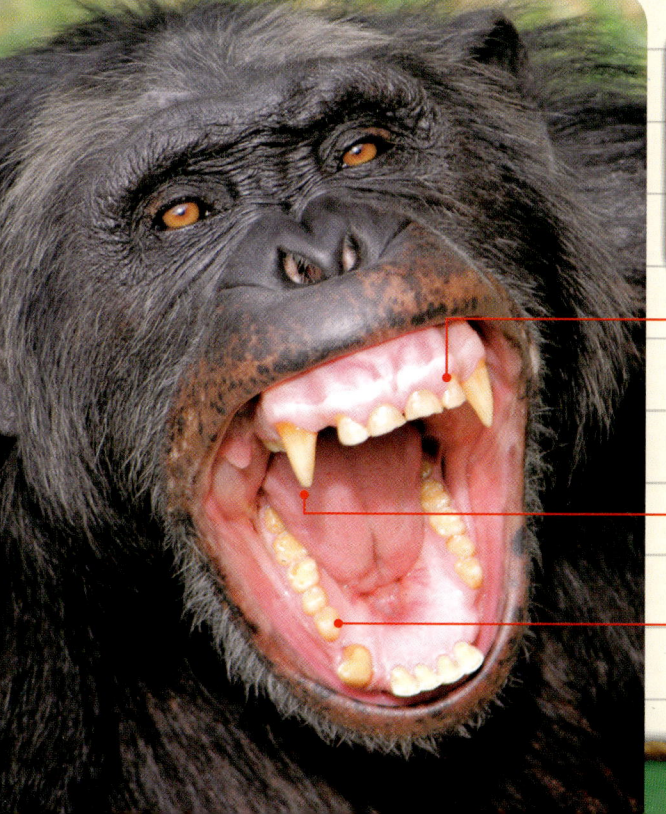

물어뜯는 이빨
앞니는 얇고 납작하다.

송곳니
육식 동물만큼은 아니지만, 송곳니가 발달했다.

갈아 으깨는 이빨
어금니는 맷돌처럼 생겼다.

놀랍다! 다른 곳에서는 볼 수 없는 마다가스카르의 동물

아프리카 대륙

이 섬에만 서식하는 다양한 생물들!

호랑이꼬리여우원숭이

툭 튀어나온 코가 여우처럼 생긴 '여우원숭이'의 일종이다. 마다가스카르 섬에만 서식하는 원숭이이다.

꼬리에 호랑이처럼 얼룩무늬가 있어~.

팬서카멜레온

마다가스카르 섬과 주변의 작은 섬에만 서식하는 카멜레온이 많다. 화려한 색의 팬서카멜레온도 그중 하나이다. 혀의 길이는 몸길이보다 길며 곤충을 주로 잡아먹는다.

너무 화려하게 꾸몄나?

로랜드줄무늬텐렉

코끝이 뾰족하며 바늘 같은 가시를 온몸에 지닌 신기한 동물로 마다가스카르 섬에만 서식한다. 생김새는 땃쥐와 고슴도치를 닮았다.

고슴도치로 착각하지 마!

4 사람과 친숙한 동물들

사람과 함께 생활해 오다!

반려동물이나 가축으로 오랜 시간 사람과 함께 생활해 온 동물들이 있다. 사람과 친숙한 동물에는 누가 있고, 그동안 우리가 알지 못했던 신기한 사실들을 알아보자.

고양이

아주 먼 옛날, 살쾡이를 길들여서 키운 동물이 고양이의 조상이다. 지금은 반려동물로 전 세계에서 사랑받고 있다.

눈

세로로 길쭉한 눈동자가 어두운 곳에서는 둥글게 벌어져서 빛을 많이 흡수할 수 있다. 야행성 동물이라는 증거이기도 하다.

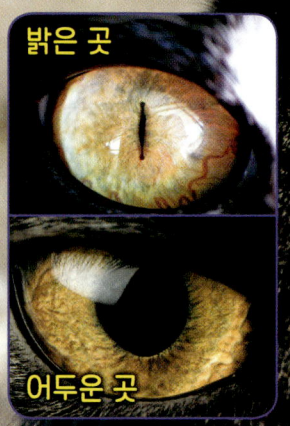

밝은 곳

어두운 곳

수염

입 주변과 눈 위, 양 볼과 턱에 수염이 자란다. 수염이 자라는 곳에 신경이 모여 있어서 예민한 센서 역할을 한다.

발톱

발톱을 움츠려 넣을 수 있으며 발톱 끝이 항상 날카롭다.

동물 10초 퀴즈

Q. 고양이의 발가락은 몇 개일까?
1. 앞발에 5개, 뒷발에 5개이다.
2. 앞발에 4개, 뒷발에 5개이다.
3. 앞발에 5개, 뒷발에 4개이다.

고양이의 생태

사냥 성공!

자기 관리 — 손톱 손질하기

손톱을 나무에 갈아서 손톱 끝을 날카롭게 손질한다. 또한 손톱으로 나무를 긁어서 자신의 영역을 표시하기도 한다.

사냥 — 솜씨 좋은 사냥꾼

잠복했다가 사냥하는 기술은 고양이의 주특기이다. 이러한 고양이의 특기를 살려서 쥐를 잡으려고 고양이를 키우기도 한다. 지금도 야생 고양이는 새를 잡아먹는다.

손톱을 나무에 갈다!

고양이의 기본 정보

크 기	70cm
먹 이	새, 작은 동물 등
서식 환경	사람이 사는 곳

고양이의 종류

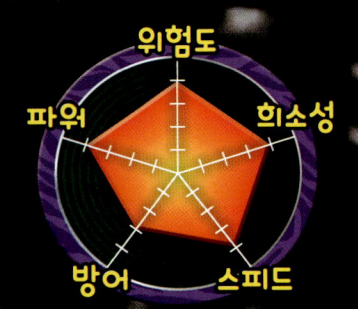

스라소니

숲속에 사는 중형 고양이이다. 귀 끝의 기다란 털이 특징이다. 무리를 짓지 않고 1마리씩 생활하며 새나 토끼를 잡아먹는다.

크 기	1.3m
서식지	유라시아 대륙

이리오모테살쾡이

일본 이리오모테 섬에만 서식하는 희귀한 살쾡이이다. 1965년에 처음 발견되었다. 게나 새, 곤충 등 살아 있는 생물이라면 무엇이든 잡아먹는다.

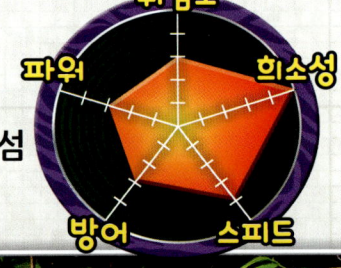

크 기	90cm
서식지	이리오모테 섬

A. ❸ 앞발에는 엄지발가락에 해당하는 발가락이 있지만, 뒷발에는 엄지발가락이 없다.

마게이

정글에 살며 나무타기가 주특기이다. 주로 나무 위에서 생활한다. 뒷다리의 발목을 180도로 회전할 수 있어서 뒷발만 사용해서 나뭇가지에 매달릴 수 있다.

크 기 79㎝

서식지 중앙·남아메리카

퓨마

숲이나 사막에 이르기까지 다양한 환경에서 생활할 수 있는 대형 살쾡이이다. 점프 실력이 뛰어나서 수직으로 약 4m 가까이 뛰어오를 수 있다.

크 기 1.5m

서식지 미국 대륙

? 궁금한 고양이 이야기

호기심 1 어두운 곳에서 고양이의 눈이 빛나는 이유는 무엇일까?

1 어두운 곳에서 고양이의 눈이 빛나 보인다. 하지만 눈이 반딧불이처럼 빛을 내는 것은 아니다.

2 동물의 눈은 '각막'을 통과한 빛이 '망막'에 도달해서 뇌로 전달되면 사물을 볼 수 있다.

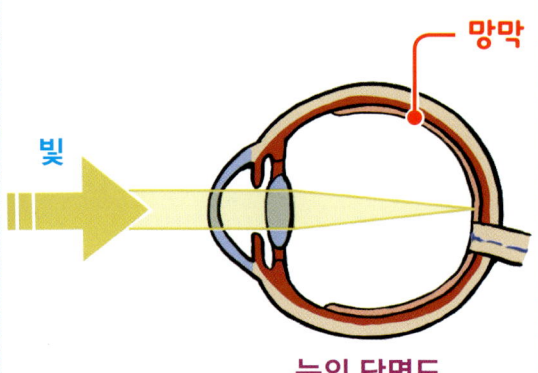

눈의 단면도

3 고양이의 눈에는 망막 뒤에 반사판이 있어서 빛을 반사하므로 눈이 빛나 보이는 것이다.

망막을 확대해 보자.

4 그래서 사람보다 훨씬 적은 양의 빛으로 앞을 볼 수 있으며 어둠 속에서도 사냥할 수 있다.

고양잇과 동물인 사자와 호랑이도 마찬가지야.

호기심 2: 고양이의 혀가 사포처럼 까끌까끌한 이유는 무엇일까?

고양이의 혀에는 미세한 돌기가 있어서 핥으면 사포로 문지르는 것처럼 까끌까끌하다. 이러한 혀는 고기를 뼈에서 깨끗이 발라낼 때 도움이 된다. 또한 털을 다듬을 때 빗 역할을 하기도 한다.

재밌는 동물 뉴스
삼색털 고양이의 놀라운 비밀

삼색털 고양이는 흰색이 우세하면서 다른 색깔의 2종류 털이 함께 나는 고양이를 말한다. 함께 나는 털은 주로 검은색과 갈색이 많다. 털의 색깔을 정하는 유전자가 X 염색체(성별을 결정하는 성염색체 중 하나)에 있기 때문에 삼색털 고양이는 대부분 암컷이다. 유전자 이상으로 드물게 수컷이 태어나기도 한다.

개

옛날부터 사람과 함께 생활해 왔으며 늑대를 길들여서 키운 동물이다. 목적에 맞춰서 다양한 품종의 개를 탄생시켰다.

코
개의 감각 기관 중에 가장 발달한 곳이 냄새를 맡는 코이다. 사람보다 약 100만 배는 더 뛰어나다고 한다.

이빨
크고 기다란 송곳니와 날카로운 어금니로 질긴 고기를 찢을 수 있다.

다리
몸에 비해 다리가 긴 편이며 먼 곳까지 오래 걸을 수 있다.

동물 10초 퀴즈

Q. 전봇대에 소변을 보는 이유는?
1. 자신의 흔적을 남기기 위해서
2. 집을 더럽히지 않기 위해서
3. 전봇대가 싫어서

개의 생태

배를 보여 주다!

습성 — 항복할 때의 행동

늑대의 습성이 아직 남아 있어서 약한 부분인 배를 보여 주는 방식으로 상대방에게 복종한다는 뜻을 전달한다.

큰 소리로 짖다!

행동 — 개의 의사 표현

상대방을 경계하거나 위협할 때, '컹컹' 하고 큰 소리로 짖는다. 주인에게 무언가를 요구할 때도 소리 내어 짖는다.

개의 기본 정보

크 기	63~110cm(어깨의 높이)
먹 이	고기 등
서식 환경	사람이 사는 곳

개의 종류

아프리카들개

아프리카의 사바나에서 커다란 무리를 이루며 생활한다. 먹잇감을 끈질기게 추적해서 힘이 빠진 순간 습격한다. 사냥 성공률이 매우 높아서, 5번 중에 4번은 성공한다고 한다.

크 기	서식지
1m	아프리카

들개

숲속에서 가족 단위로 생활한다. 땅파기에 적합한 짧은 다리를 지녔으며 발가락 사이에 물갈퀴가 있어서 헤엄을 잘 친다. 아르마딜로를 주로 잡아먹는다.

크 기	서식지
75cm	남아메리카 북부

A. ❶냄새로 흔적을 남겨서 다른 개들에게 자신의 영역을 알린다.

게잡이여우

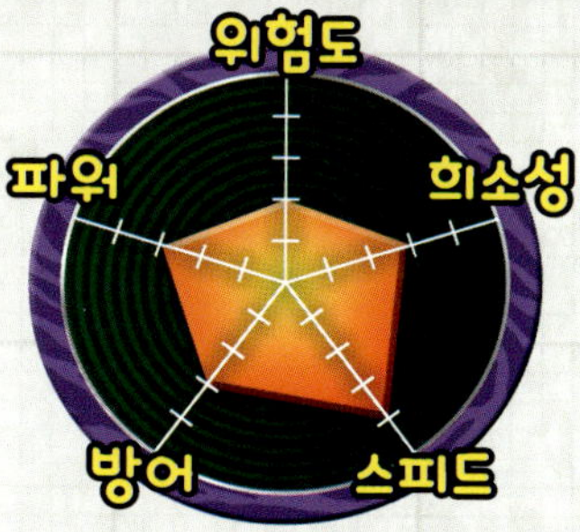

개와 여우의 중간 정도의 성질을 지닌 신기한 동물이다. 게를 잡아먹어서 이러한 이름이 붙었지만, 사실은 쥐와 같은 작은 포유류를 주로 잡아먹는다.

크 기 64㎝

서식지 남아메리카

너구리

동아시아 지역에 널리 분포하는 원시적인 개의 일종이다. 자신의 영역을 표시하기 위해 정해진 장소에 배설물을 모아 두는 습성이 있다. 식욕이 대단해 한꺼번에 많은 양의 먹이를 먹는다.

크 기 60㎝

서식지 동아시아

147

궁금한 개 이야기

호기심 1
숨을 '헉헉' 하고 몰아쉬는 이유는 무엇일까?

1 숨을 몰아쉬는 이유는 몸의 열기를 바깥으로 내보내기 위해서이다. 지쳐서 숨을 몰아쉬는 것이 아니다.

2 더울 때 사람은 땀을 흘려서 몸의 열을 배출한다.

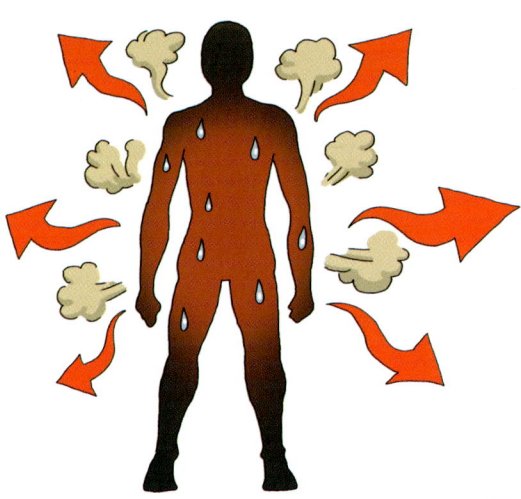

3 하지만 개는 코와 발바닥에서만 땀이 난다. 그래서 입으로 숨을 몰아쉬며 체온을 조절하는 것이다.

4 덥지 않은데 숨을 몰아쉴 때도 있다. 그럴 때는 아프거나 스트레스가 원인일 수 있다.

호기심 2 개의 코는 왜 항상 촉촉하게 젖어 있을까?

개의 코가 촉촉한 이유는 냄새를 민감하게 맡기 위해서이다. 사람도 피부가 젖어 있으면 바람이 어느 방향에서 불어오는지 쉽게 알 수 있다. 이와 마찬가지로 코가 촉촉하게 젖어 있어야 냄새가 나는 방향이나 냄새의 종류를 쉽게 알아챌 수 있다.

재밌는 동물 뉴스
다양한 종류로 개량된 개

늑대를 길들인 사람들은 목적에 따라 개를 다양한 종류로 개량했다. 그래서 개의 종류에 따라 특징이 다른 체격과 성격을 지녔다.

▼반려견. 한 가족처럼 사람과 더불어 살아가는 개이다.

▼목양견. 목장의 양이나 소가 흩어지지 않도록 몰면서 위험한 상황으로부터 보호한다.

▲사냥개. 사람의 사냥을 돕기 위한 개이다.

소

'오로크스'라고 하는 야생 소를 길들여서 가축으로 키우기 시작했다. 소는 짐수레를 끄는 등 여러 가지 도움을 준다.

뿔
수컷과 암컷 모두 2개의 뿔이 난다. 뿔은 빠지지 않는다.

어깨
뛸 때 앞다리로 땅을 힘차게 차면서 앞으로 나아가기 때문에 어깨 근육이 발달했다.

눈
얼굴의 양옆에 눈이 있어서 넓은 범위를 동시에 살필 수 있다.

동물 10초 퀴즈
Q. 소 이빨의 특징은?
❶ 위턱·아래턱에 앞니가 없다.
❷ 위턱에 앞니가 없다.
❸ 아래턱에 앞니가 없다.

소의 생태

식사

되새김질을 하는 소

풀을 혀로 감아서 뽑아 먹는다. 하루에 6시간 넘게 계속 먹기만 한다. 또한 한 번 삼킨 풀을 다시 게워 내어 씹어 먹는 '되새김질'을 한다.

밥 먹는 시간이 길다!

박치기로 승부를 겨루다!

수컷의 싸움

박치기로 힘겨루기

짝짓기의 계절이 돌아오면 암컷을 차지하기 위해 수컷끼리 머리를 세차게 부딪치며 싸움을 벌인다.

소(가축)의 기본 정보

크 기	150cm (어깨의 높이)
먹 이	풀, 나뭇잎 등
서식 환경	목장, 초원, 산지 등

소의 종류

새끼 야크의 털 길이

아메리카들소

수컷의 몸무게가 약 900kg에 이르는 거대한 동물이다. 미국의 대초원에 약 5,000만 마리가 살았지만, 무분별한 사냥으로 개체 수가 급격히 줄어들었다. 초식 동물이며 힘이 세고 싸움도 잘한다.

크기 3.8m

서식지 북아메리카 중앙부

위험도 / 파워 / 희소성 / 방어 / 스피드

야크

히말라야의 높은 산지에서 짐을 운반하는 데 유용하게 이용되며 힘이 세다. 긴 털이 있어서 추위에 강하다. 야생 야크는 멸종 위기에 놓여 있다.

크기 3m

서식지 히말라야산맥 주변

위험도 / 파워 / 희소성 / 방어 / 스피드

A. ❷소는 위턱에 앞니가 없다. 위턱의 단단한 잇몸과 아래턱 앞니로 풀을 뜯어 먹는다.

아프리카들소

크기 3m
서식지 아프리카

아프리카의 사바나에서 수천 마리가 무리를 이루며 살아간다. 머리의 뿔을 무기로 적과 싸운다. 때로는 사자를 제압하기도 한다.

임팔라

아프리카의 사바나에 서식한다. 소 종류 중에 드물게 암컷에게 뿔이 나지 않는다. 점프 실력이 무척 뛰어나서 한 번에 약 10m를 뛰어넘을 수 있다고 한다.

크기 1.6m
서식지 아프리카

궁금한 소 이야기

호기심 1
풀만 먹는데도 몸집이 커다랗게 자라는 이유는 무엇일까?

1 소는 하룻동안 엄청난 양의 풀을 먹는다. 섬유질이 풍부한 풀을 완전히 소화해서 영양분을 흡수하기 때문에 몸집이 커다랗게 자라는 것이다.

2 사람은 음식물을 소화하는 위가 1개밖에 없다.

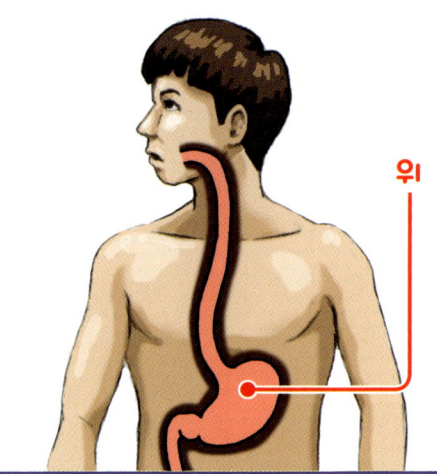

위

3 하지만 소는 무려 4개의 위를 지녔다. 그리고 소의 위에는 미생물이 살고 있어서 풀 같은 먹이를 잘 발효시켜서 소화하고, 영양분을 흡수한다. 이렇게 소는 4개의 위와 미생물 덕분에 커다랗게 자랄 수 있는 것이다.

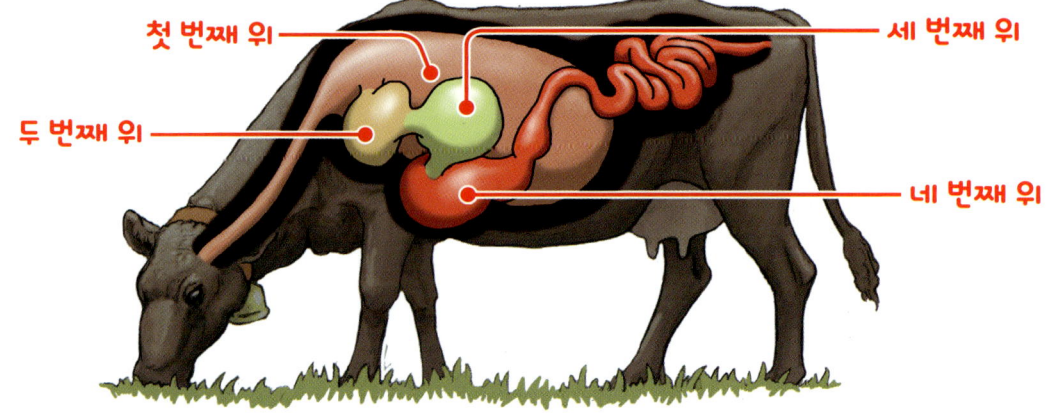

첫 번째 위 · 두 번째 위 · 세 번째 위 · 네 번째 위

호기심 2 소는 왜 먹고 난 후에 바로 누워서 잠을 잘까?

소는 풀이나 사료를 먹고 난 후에 바로 누워서 쉰다. 사실은 반쯤 잠든 상태로 누워서 입을 우물거리며 먹이를 소화시키는 중이다. 진짜로 잠들어 있는 시간은 3시간 정도에 불과하다. 사람보다 훨씬 더 잠을 적게 자는 동물이다.

호기심 3 코의 주름이 소마다 다르다고?

사람은 손끝의 지문이 저마다 달라서 이 지문으로 사람을 구분할 수 있다. 소에게는 지문이 없지만, 모든 소는 코의 주름이 다르게 생겼다. 이러한 코의 주름을 '비문'이라고 한다. 코에 잉크를 묻혀서 종이에 찍는 방법으로 소를 구분하는 데 사용된다.

염소·양

염소와 양은 같은 종류의 동물이다. 옛날부터 사람들이 가축으로 키워 왔다. 고기, 털 등 여러 가지를 얻을 수 있다.

앞니

염소와 양 모두 아래턱에만 앞니가 있다. 위턱에 앞니가 없는 대신 잇몸이 널빤지처럼 단단하다.

발굽

미끄러지지 않는 발굽으로 험난한 바위 언덕도 뛰어오를 수 있다.

동물 10초 퀴즈

Q. 양이 우는 소리를 영어로 하면?
1. '메에~ 메에~'라고 한다.
2. '모~ 모~'라고 한다.
3. '바~ 바~'라고 한다.

뿔

뿔은 암컷과 수컷 모두 있는 것과 없는 것이 있다. 원시적인 종류일수록 뿔이 크며 가축으로 키우는 양은 뿔이 없는 종류가 많다.

▲소용돌이 모양을 한 양의 뿔

양털

가축으로 키우는 양은 품종에 따라 얻을 수 있는 양털의 길이와 부드러움이 다르다.

염소·양의 생태

높은 곳에 올라가기 좋아하는 염소!

식사

나무를 먹어 치우는 염소

염소는 높은 곳을 매우 좋아한다. 나무에 올라가서 나무 열매와 나무순뿐만 아니라 나무의 껍질까지도 먹어 치운다.

▶염소가 섬에 들어와서 살게 되면 섬의 풀과 나무를 전부 먹어 치우기도 한다.

A. ❸양이 우는 소리는 영어로 'baa(바~)'라고 표현한다.

박치기를 하며 싸우다!

수컷의 싸움 — 양보 없는 다툼

수컷은 암컷을 사이에 두고 서로 머리를 부딪치며 승부를 겨룬다. 때로는 뿔이 부러질 정도로 격렬한 싸움을 벌인다.

염소·양의 기본 정보

크 기	1.2~1.8m
먹 이	나뭇잎, 열매, 풀 등
서식 환경	목장, 초원, 산지

라이벌과의 대결이 시작되다!

염소·양의 종류

들염소

가축으로 키우는 염소는 들염소를 길들인 동물이다. 침엽수림이나 초원에서 대규모 무리를 이루며 살아간다.

크 기 1.6m　**서식지** 서아시아

염소

개 다음으로 오래전부터 가축으로 키워 온 동물이다. 고기와 우유, 털 등 여러 가지를 얻을 수 있으며 수백 가지 품종으로 개량되었다.

크 기 1m　**서식지** 전 세계

아르갈리양

세계에서 몸집이 가장 커다란 양이다. 뿔이 길고 두꺼우며 구부러진 모양이다. 뿔의 가장 두꺼운 부분이 약 50cm에 이른다고 한다. 바위가 많은 산에서 무리를 이루며 생활한다.

크 기 1.9m 서식지 중앙아시아

양

8,000~1만 년 전, 동아시아의 야생 양인 '무플론'을 가축으로 길들인 것이 시초라고 한다. 뿔이 대부분 소용돌이 모양을 하고 있다. 양털과 고기를 얻기 위해 사육된다.

크 기 1.2m 서식지 전 세계

궁금한 염소·양 이야기

호기심 1 — 염소는 종이를 먹는다는데 정말일까?

1 염소에게 종이를 내밀면 그대로 먹어 버리기도 한다.

우적우적~.

2 그 이유는 종이가 식물 섬유로 이루어졌기 때문이다. 염소는 질긴 섬유질도 소화할 수 있으므로 종이도 먹어 치우곤 한다.

3 하지만 신문지나 광고지에는 잉크가 섞여 있으며 화장지는 별도의 약품으로 가공된다. 모두 다 염소의 몸에는 좋지 않으므로 종이를 먹고 싶어 해도 주지 않는 것이 좋다.

호기심 2 염소의 눈이 특이하게 생긴 이유는?

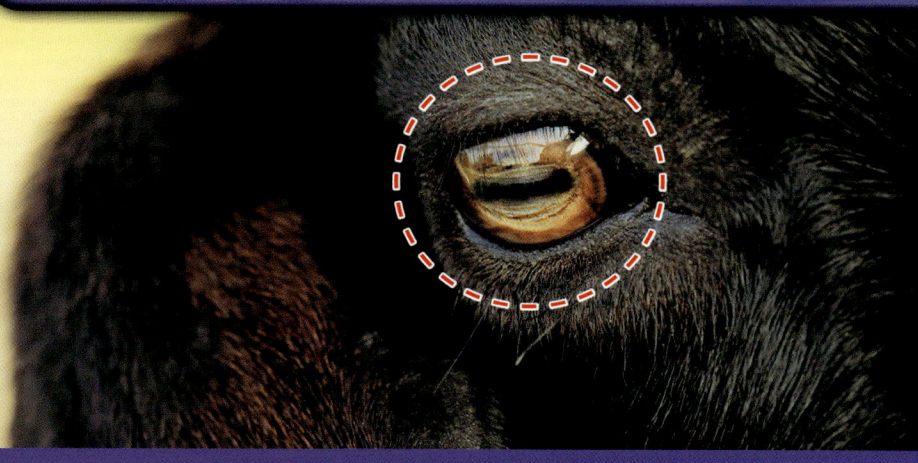

염소의 눈을 자세히 들여다보면 눈동자가 옆으로 길쭉하다. 동그란 사람의 눈동자와 비교하면 이상하게 보이겠지만, 옆으로 긴 눈동자는 넓은 범위를 한눈에 볼 수 있어서 자신을 노리는 육식 동물을 재빨리 발견할 수 있다.

재밌는 동물 뉴스

털을 깎지 않으면 위험해지는 양

야생 양과는 다르게 털을 얻기 위해 개량된 양은 자란 털이 저절로 빠지지 않는다. 따라서 길게 자란 털을 매년 잘라 줘야 한다. 왼쪽 사진은 목장에서 도망쳐서 6년 동안 털을 깎지 않은 양의 모습이다. 이대로 비에 젖으면 털이 무거워져서 움직이지 못해 목숨을 잃을 수도 있다고 한다. 털을 깎는 일은 사람과 양 모두에게 중요한 작업이다.

말

자동차가 발명되기 전까지 말은 가장 유용한 이동 수단이었다. 밭을 갈거나 짐을 운반하기도 하고, 경주마로도 활약한다.

갈기
소중한 목을 보호하기 위해 긴 털이 자란다.

얼굴
선 채로 땅의 풀을 뜯어 먹기 쉽도록 얼굴이 길쭉하다.

다리
발끝에 발굽이 있어서 빨리 달릴 수 있다.

동물 10초 퀴즈

Q. 얼룩말의 피부는 무슨 색일까?
❶ 까맣고 흰색 줄무늬가 있다.
❷ 검은색이다.
❸ 흰색이다.

말의 생태

꼭꼭 씹어 먹다!

긴 다리로 빠르게!

식사 — 주식은 풀

날카로운 앞니로 풀을 뜯어 입안에 집어넣는다. 그러면 입 안쪽에 있는 어금니로 풀을 으깨서 꼭꼭 씹어 삼킨다. 위는 1개이며 되새김질은 하지 않는다. 장이 매우 길어서 충분한 시간 동안 풀을 소화시킨다.

이동 — 바람처럼 빠른 속도

긴 다리는 빠른 속도를 내는 데 적합하다. 경주마로 개량된 '서러브레드'는 일반 도로를 달리는 자동차보다 훨씬 속도가 빠르다.

말의 기본 정보

크 기	1.2~1.8m(어깨의 높이)
먹 이	풀, 나무껍질, 잎사귀, 새순 등
서식 환경	목장, 초원, 사막

말의 종류

프셰발스키

'몽골야생말'이라고도 하며, 유일한 야생말로 유명하다. 다리가 짧고 다부진 몸통을 지녔다.

크 기	2.1m
서식지	중국·몽골

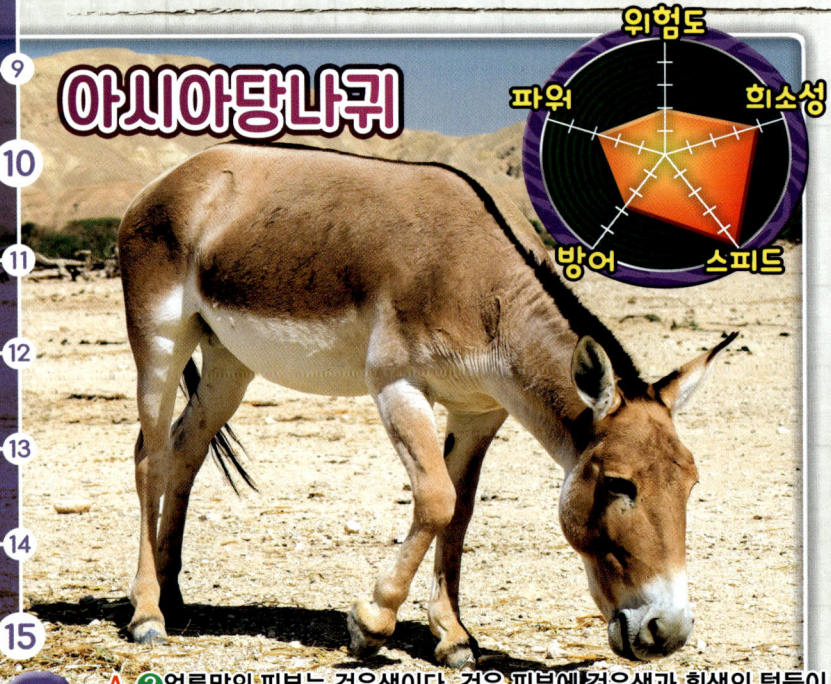

아시아당나귀

초원과 사막에 사는 야생 당나귀이다. 갈기와 꼬리가 검은색이며 등에는 검은색 세로줄 무늬가 있다. 여름에는 털이 짧지만, 겨울에는 여름보다 털이 훨씬 길어진다.

크 기	2.4m
서식지	서아시아·몽골

A. ❷ 얼룩말의 피부는 검은색이다. 검은 피부에 검은색과 흰색의 털들이 얼룩무늬를 만들어 내는 것이다.

미사키

일본 재래종인 조랑말(몸집이 작은 말)로 일본 천연기념물로 지정되어 있다. 다부진 체격에 머리는 크고 다리는 가는 편이다.

크 기	1.2m
서식지	일본

사바나얼룩말

아프리카의 사바나에 사는 얼룩말이다. 말보다 당나귀에 가까우며 꼬리 끝에 푹신한 털이 자란다. 수백 마리가 큰 무리를 이루며 생활하기도 한다.

▼초식 동물이지만 송곳니가 있어서 수컷끼리 물어뜯으며 싸움을 벌인다.

크 기	2.5m
서식지	아프리카

궁금한 말 이야기

호기심 1 말의 발에도 발가락이 있었다고?

① 말의 발끝에는 발굽이 달려 있다. 사실 이 발굽은 발가락이 변해서 생긴 것이다.

② 말의 조상은 4개의 발가락이 있었는데 점점 가운데 발가락이 커지면서 다른 발가락은 사라지게 되었다.

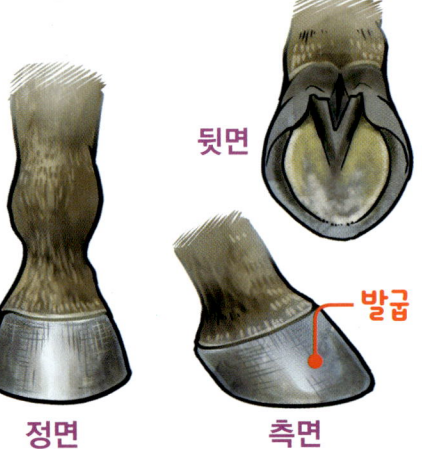

뒷면 · 정면 · 측면 · 발굽

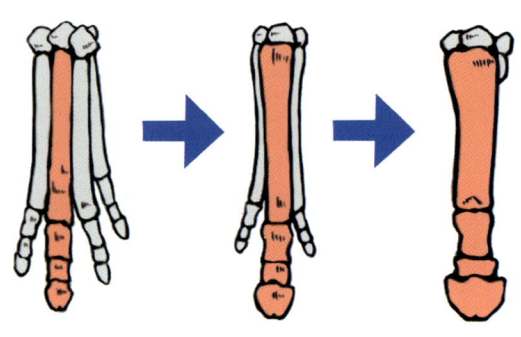

③ 말은 항상 가운데 발가락 끝으로 몸을 지탱하고 서 있어서 다리가 점점 길어졌다고 한다.

④ 다리가 길어지면 보폭이 넓어져서 빠르게 달릴 수 있다.

불편하지 않아? / 익숙해져서 괜찮아.

얼룩말을 말처럼 타고 다닐 순 없을까?

1 얼룩말은 골격이 말처럼 튼튼하지 않으며 성격이 매우 사납다. 사람이 얼룩말을 타고 다니기는 어렵다.

어딜 올라타려고!

2 옛날에 얼룩말에게 마차를 끌도록 훈련한 사람이 있었지만, 좀처럼 길들여지지 않았다고 한다.

어서 가자!

사람 따위 돕고 싶지 않아!

재밌는 동물 뉴스
눈이 잘 보이지 않는 사람을 돕는 말

맹도견처럼 앞을 보지 못하는 사람을 돕는 '맹도마'가 존재한다. 맹도마 역시 안전하게 길을 걷고 전철을 탈 수 있도록 길을 안내한다. 일본에서도 맹도마를 육성하는 사업이 진행되고 있다고 한다.

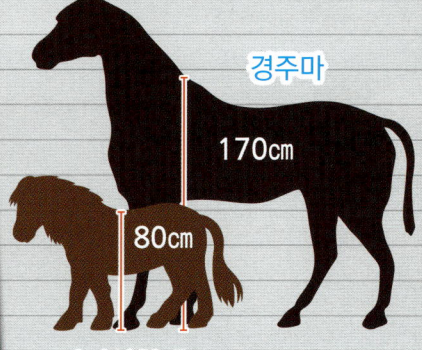

경주마 170㎝

미니어처 호스 80㎝

▲맹도마로 활동하는 말은 '미니어처 호스'라고 하는 아주 작은 말이다.

돼지의 조상은 멧돼지

멧돼지를 길들여서 키운 돼지도 오래전부터 사람들이 사육해 온 동물이다. 적이 존재하지 않은 생활을 하면서 멧돼지의 엄니가 작아지고 먹이를 찾는 코도 짧아졌다.

멧돼지를 가축으로 키운 이유

① 고기가 맛있어서 야생 멧돼지는 사냥의 대상이었다.
② 사육하기 쉽다.
• 잡식성이어서 뭐든지 잘 먹는다.
• 무리 지어 생활하므로 한꺼번에 울타리 안에 몰아넣을 수 있다.
• 새끼를 많이 낳아서 마릿수가 쉽게 늘어난다.(1년에 1번 2~8마리를 낳는다.)

멧돼지에서 돼지로 변신!

가축이 된 돼지는 야생 멧돼지보다 빨리 성장하고 새끼를 많이 낳는 동물로 변했다.

6개월 만에 90kg까지 성장!

1년에 2번 이상, 1번에 약 10마리의 새끼를 출산!

▶ 반려동물로 개량된 미니피그

5 바다에 사는 동물들
바다에 물고기만 사는 건 아닙니다!

물고기처럼 물속에서 숨을 쉴 수는 없지만, 바다에서 사는 동물이 있다. 과연 어떤 동물이 있고, 어떻게 생활하는지 알아보자.

고래·돌고래

아주 먼 옛날, 육지에 살던 하마와 비슷한 동물이 바다로 들어가서 지금의 고래와 돌고래가 되었다.

지느러미

앞다리가 물고기의 지느러미처럼 변해서 방향을 바꿀 때 사용한다. 뒷다리는 퇴화해서 사라졌으며, 꼬리는 수평 방향의 꼬리지느러미로 진화하였다.

피부

털은 모두 사라졌으며, 물의 저항이 적은 고무 같은 피부로 변했다.

동물 10초 퀴즈

Q. 고래·돌고래의 가장 큰 무리는?
① 30~50마리 정도이다.
② 150~300마리 정도이다.
③ 5000마리보다 많다.

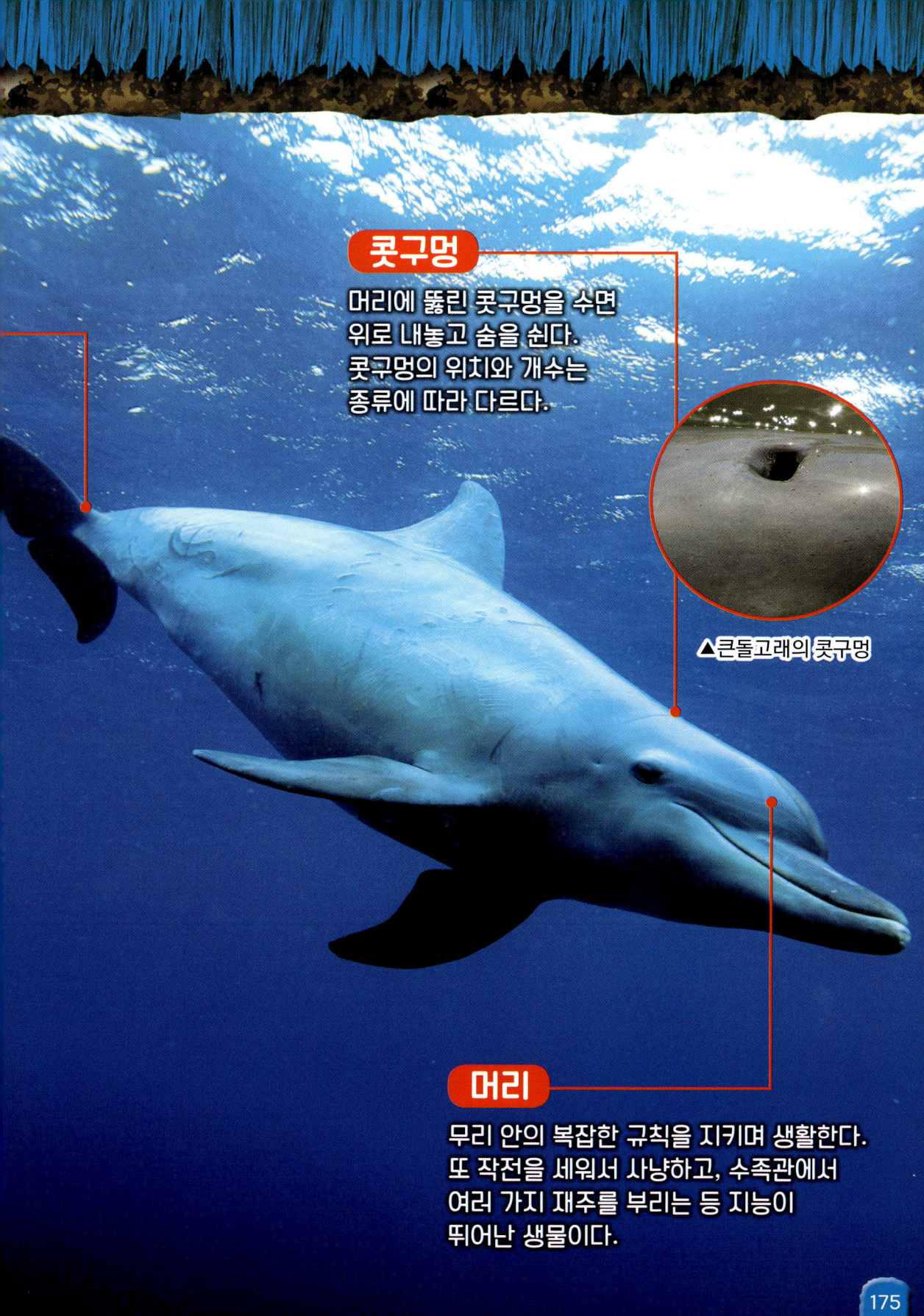

콧구멍

머리에 뚫린 콧구멍을 수면 위로 내놓고 숨을 쉰다. 콧구멍의 위치와 개수는 종류에 따라 다르다.

▲큰돌고래의 콧구멍

머리

무리 안의 복잡한 규칙을 지키며 생활한다. 또 작전을 세워서 사냥하고, 수족관에서 여러 가지 재주를 부리는 등 지능이 뛰어난 생물이다.

고래·돌고래의 생태

거대한 입으로 덥석!

수염

입을 다물고 물만 내보낸다.

수염고래의 식사법

거대한 입을 벌려서 크릴새우나 물고기 등을 바닷물과 함께 입에 넣는다. 입안에 난 빼곡한 수염 사이로 물만 혀로 밀어내서 입안에 남은 먹잇감을 먹어 치운다.

수염과 이빨

고래는 입안에 수염이 있는 '수염고래'와 이빨이 있는 '이빨고래' 2종류가 있으며, 먹잇감을 잡는 방법이 다르다. 영어로 '살인자 고래'를 뜻하는 범고래와 거두고래는 이빨고래 중 하나이다.

아래턱에만 이빨이 있는 향유고래

▶해변의 먹잇감을 향해 다가오는 범고래

▼바다사자 사냥 성공

이빨

이빨고래의 식사법

입에 날카로운 이빨이 있는 이빨고래는 빠르게 헤엄치는 물고기 등을 잡아먹으며, 이빨로 꽉 물고 놓아주지 않는다.

초음파 발사!

▼날카로운 이빨을 드러내고 물고기를 잡아먹는 범고래붙이. 머리에서 초음파를 발사해서 먹잇감의 크기와 거리를 감지하는 '반향정위'라는 기술을 사용한다.

고래·돌고래의 기본 정보

크 기	1.5~33m
먹 이	플랑크톤, 물고기 등
서식 환경	바다

A. ❸고래·돌고래의 무리 중에 가장 큰 무리는 5,000마리가 넘는 참돌고래의 무리이다.

고래·돌고래의 종류

향유고래

크 기	19m
서식지	세계 곳곳의 바다

범고래

이빨고래의 일종으로 바다의 최강 포식자이다. 지능이 매우 뛰어나며 무리가 힘을 합쳐서 거대한 고래를 공격해 잡아먹기도 한다. 암컷을 중심으로 무리를 형성한다.

크 기	8m
서식지	세계 곳곳의 바다

범고래의 이빨 길이

위험도 · 파워 · 희소성 · 방어 · 스피드

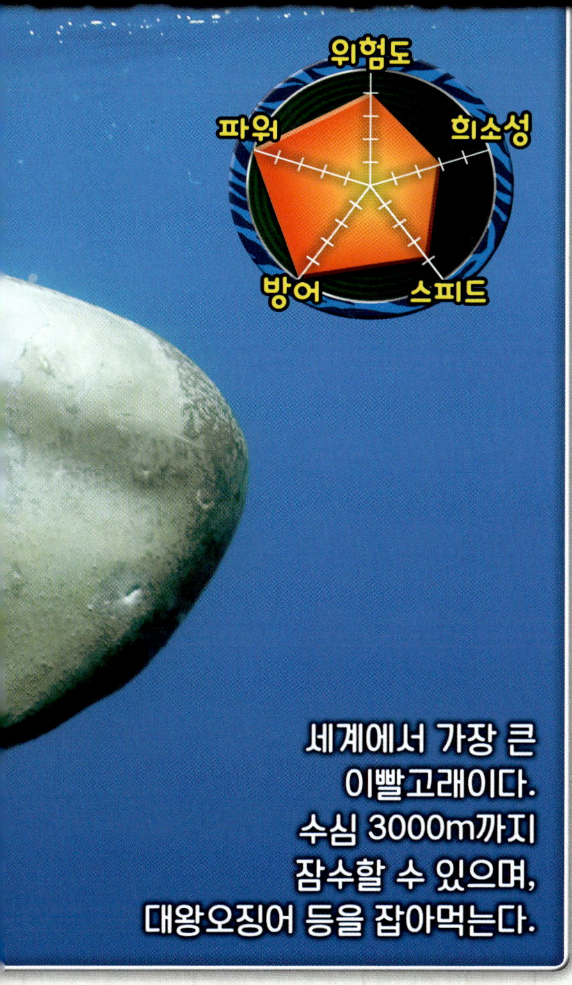

세계에서 가장 큰 이빨고래이다. 수심 3000m까지 잠수할 수 있으며, 대왕오징어 등을 잡아먹는다.

크 기	33m
서식지	세계 곳곳의 바다

세계에서 가장 큰 동물로, 수염고래의 일종이다. 기차 한 량(전철이나 열차의 차량을 세는 단위)의 길이보다 더 크게 자라기도 한다. 너무 거대해서 어른 흰수염고래에 대적할 만한 동물은 존재하지 않는다. 100살까지 살기도 한다.

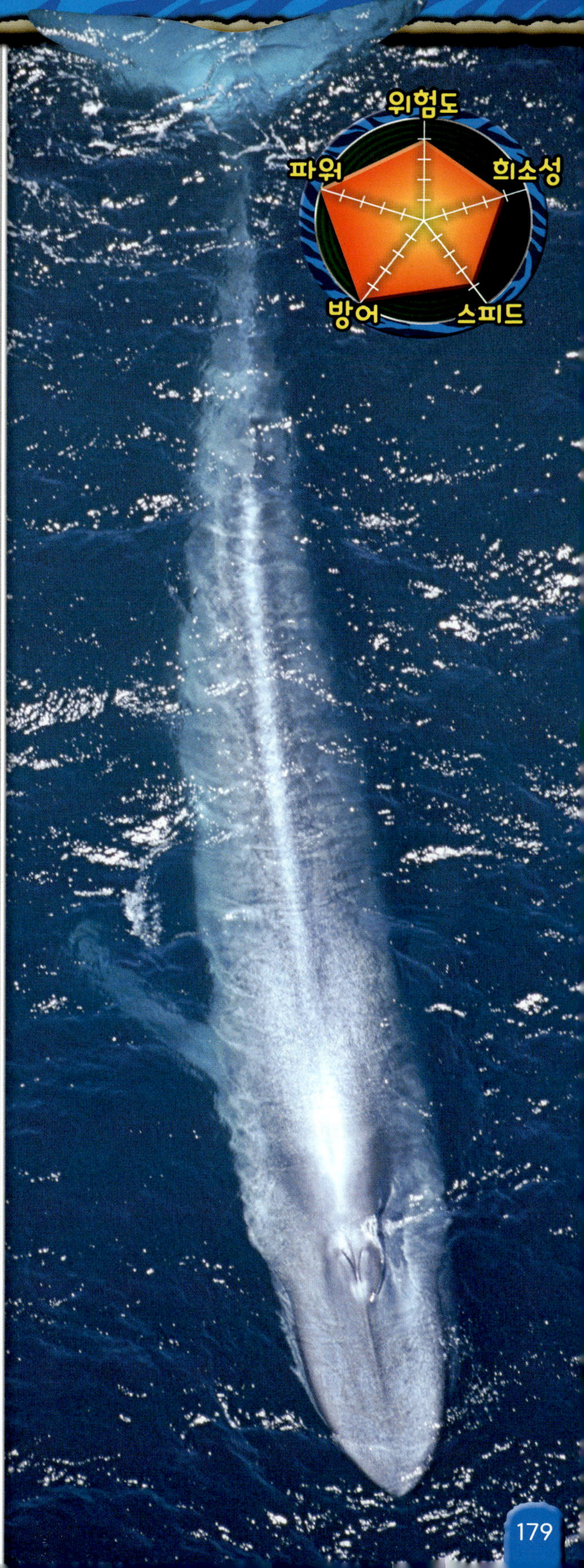

궁금한 고래·돌고래 이야기

호기심 1 물고기도 아닌데 어떻게 바다에서 살 수 있을까?

① 맨 처음, 고래의 조상은 육지에서 살았다. 강 근처에서 동물을 잡아먹으며 생활했다고 한다.

파키케투스

② 그 무렵은 공룡이 멸종하고, 바다에서 풍부한 먹이를 잡아먹는 몸집이 커다란 생물이 사라지던 시기였다.

엘라스모사우루스

바다에 사는 공룡

모사사우루스

③ 고래의 조상은 경쟁자가 없는 바다로 들어가 물속에서 생활할 수 있도록 점점 진화한 것이다.

고래의 조상들

암블로케투스

프로토케투스

④ 바다는 먹이가 풍부하고 먹이를 빼앗아 가는 생물도 적어서 고래가 살아가는 데 적합하였다.

호기심 2. 고래와 돌고래의 차이점은 무엇일까?

사실 고래와 돌고래는 같은 종류의 동물이다. 확실한 차이점은 존재하지 않으며, 다만 이름이 다를 뿐이다. 고래 중에 몸길이가 4m보다 작은 종류를 '돌고래'라고 한다.

밍크고래 10m

향유고래 19m

큰돌고래 3.5m

낫돌고래 2.5m

참돌고래 2.5m

북태평양참고래 17m

호기심 3. 고래가 분수처럼 물을 내뿜는 이유는 무엇일까?

고래는 숨을 쉴 때 물기둥을 분수처럼 내뿜는다. 고래와 돌고래는 물속에서 숨을 쉴 수 없으므로 수면으로 올라와서 숨을 들이쉬고, 내쉰다. 그때 머리 꼭대기 콧구멍 주위의 물이 솟아오르며 분수처럼 보이는 것이다.

◀ 혹등고래의 코

고래는 멀리 떨어진 무리와도 이야기할 수 있다고?

① 고래와 돌고래는 바닷속에서 조용히 지낼 것 같지만 무리와 서로 이야기를 나눈다고 한다.

② 물속에서는 소리의 전달이 빨라서 짧은 시간 안에 멀리까지 소리가 전달된다.

③ 특히 세계에서 가장 큰 흰수염고래의 소리는 멀게는 남극 바다에서 하와이 근처의 바다까지 도달할 때도 있다고 한다. 먹이를 찾아 넓은 바다를 이동해야 하므로 멀리 떨어진 동료와도 연락을 한다고 알려졌다.

호기심 5 고래는 새끼에게 어떻게 젖을 먹일까?

1 포유류인 고래는 새끼에게 젖을 먹여서 키운다. 새끼는 물속을 헤엄치며 어미의 젖을 빨아 먹는다. 젖은 꼬리지느러미와 가까운 배 쪽에 있다.

혹등고래

2 어미 고래의 젖은 물속을 헤엄칠 때 방해가 되지 않도록 바깥으로 튀어나오지 않았다. 작게 베인 자국처럼 생겼다.

3 새끼가 신호를 보내면 어미가 젖을 준다. 새끼는 혀를 빨대처럼 말아서 젖을 빨아 먹는다.

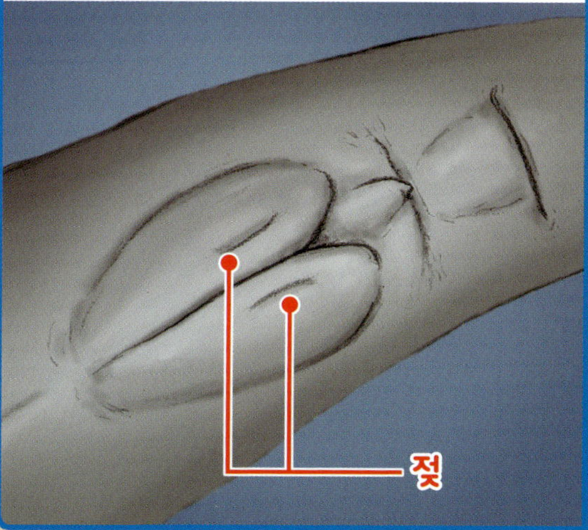

젖

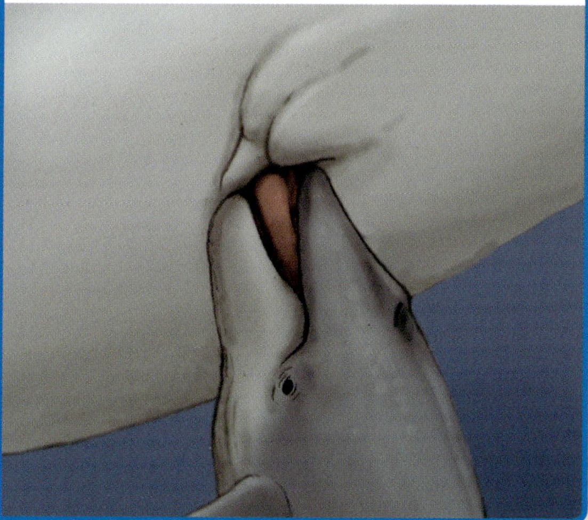

바다표범

물속을 거침없이 헤엄쳐 다니는 바다의 포유류이다.
수영은 잘하지만, 땅에서는 활발하게 움직이지 못한다.

몸통
매끈해 보이지만, 피부에 짧은 털이 빽빽하게 나 있어서 물의 저항을 줄여 준다.

수염
입 주변과 코, 눈 위에 긴 수염이 자란다. 수염의 뿌리가 신경에 연결되어서 감각 기관의 역할을 한다.

다리
뒷다리는 지느러미 모양으로 앞으로 굽히지 못하지만 헤엄을 잘 친다. 땅 위에서는 앞다리를 써서 기어 다닌다.

동물 10초 퀴즈

Q. 바다표범과 맞는 내용은?
❶ 귓바퀴가 있다.
❷ 기다란 엄니가 있다.
❸ 포유류이다.

바다표범의 생태

호흡 — 얼음 사이의 구멍

바다표범은 숨을 쉬기 위해 때때로 얼음 사이의 구멍으로 얼굴을 내민다. 그때를 노리는 북극곰이 있어서 가장 위험한 순간이기도 하다.

위험한 순간!

새끼를 보호하다!

생존 — 흰색으로 몸을 보호

모든 바다표범은 육지에서 새끼를 낳는다. 얼음 위에서 태어나는 바다표범의 새끼는 흰색이어서 눈에 잘 띄지 않는다.

바다표범의 기본 정보

크 기	1.6~6.0m
먹 이	물고기, 게, 조개 등
서식 환경	해변, 바다

바다표범의 종류

턱수염바다물범

얼굴에 길게 자란 털이 감각 기관 역할을 하며, 모래 밑에 숨은 게와 조개를 찾아낸다. 북극에 사는 바다표범 종류 중에 가장 크다.

크 기	2.6m
서식지	북극해

갓 태어난 새끼는 얼음과 눈 등 주변 환경과 비슷한 흰색 털이 온몸을 덮고 있어, 적의 눈에 잘 띄지 않는다. 자라면서 점차 검은 반점이 생긴다.

점박이물범

크 기	1.6m
서식지	오호츠크해

A. ❸바다표범은 바다표범과의 포유류이다.

북방코끼리물범

수컷의 커다란 코가 특징인 거대한 바다표범이다. 특히 수컷은 몸길이가 6m, 몸무게는 2.3t까지도 자란다. 출산할 때만 땅으로 올라오며 그 외에는 계속 바다에서 헤엄치며 생활한다.

크 기	6m(수컷)
서식지	북태평양

암컷을 두고 치열하게 싸우기도 한다.

남극해 최강의 바다표범이다. 주로 먹잇감의 대상이 되는 펭귄에게 가장 두려운 존재이다. 입이 크게 찢어져서 다른 바다표범과는 얼굴의 생김새가 다르다.

크 기	3.3m
서식지	남극해

◀ 펭귄을 잡아먹는 레오파드바다표범

레오파드바다표범

궁금한 바다표범 이야기

호기심 1. 강치와 바다코끼리, 바다표범은 모두 다른 동물일까?

1 바다표범과 강치, 바다코끼리는 모두 바다에 사는 포유류이지만, 조금씩 다른 점이 있다. 바다표범은 땅에서 일어설 수 없지만, 강치와 바다코끼리는 땅에서 상체를 일으킬 수 있다.

"모두 대단한걸?"

강치

바다코끼리

바다표범

2 바다코끼리는 멋진 엄니를 지녔으며, 강치의 귀에는 귓불이 있다.

"수컷의 엄니가 더 길어."

귓불

"귀가 있는 '바다표범'이라고도 불리지."

3 바다표범과 바다코끼리는 뒷다리를 이용해서 헤엄치지만, 강치는 앞다리를 이용해서 헤엄친다.

앞다리로 물을 젓는다.

뒷다리를 움직인다.

호기심 2 바다표범은 털이 짧아서 춥지 않을까?

1 바다표범의 피부밑에는 두꺼운 지방층이 있어서 추위로부터 몸을 보호한다. 그래서 털이 짧아도 추위에 견딜 수 있다.

그냥 뚱뚱한 게 아니야.

2 푹신푹신한 털로 뒤덮인 새끼는 물에 젖으면 몸이 금방 차가워지므로 얼음 위에서 생활한다.

어른은 지방이 많아서 물에 젖어도 괜찮아.

재밌는 동물 뉴스
오래전부터 사랑받아 온 바다의 슈퍼스타

바다표범은 일본의 에도 시대에도 진귀한 동물로 몇 차례나 기록되었다. 위의 그림은 지금으로부터 약 200년 전에 그려진 바다표범이다. 신기한 동물 출현에 당시 큰 화제가 되었고, 마을에서는 바다표범 인형을 만들어 팔기도 하였다. 바다표범은 옛날이나 지금이나 모두에게 사랑받는 동물이다.

해달

바다에 사는 족제비의 일종으로 배를 위로 향한 채 둥실둥실 떠다닌다. 다른 바다 동물과는 달리 두꺼운 지방층이 없다.

앞다리
발가락은 5개이며, 발톱이 있어서 먹이를 꽉 붙잡을 수 있다.

꼬리
납작한 꼬리는 물속에서 방향 전환을 할 때 사용한다.

털
온몸에 두껍고, 짧은 털이 빽빽하게 나 있다.

동물 10초 퀴즈

Q. 해달은 왜 남획되었을까?
1. 털을 얻기 위해
2. 애완동물로 키우기 위해
3. 식용으로 사용하기 위해

남획: 짐승이나 물고기 등을 마구 잡음. 생물이 멸종에 이르기도 한다.

❓ 궁금한 해달 이야기

호기심 1 — 해달은 어떻게 물에 둥둥 뜰 수 있을까?

1 해달은 털이 매우 많다. 포유류 중에 가장 빽빽하게 털이 났다고 알려졌다.

같은 넓이의 털의 양을 비교

완전 다르네!

2 털의 표면은 거칠어서 물을 튕겨 내는데, 이러한 털과 피부 사이에 공기가 들어가서 물 위에 뜰 수 있는 것이다.

비늘처럼 생겼어!

3 하지만 털이 더러워지면 공기를 저장하기 어려워지므로 부지런히 털을 손질해야 한다.

쓱쓱 싹싹 깨끗하게!

4 식사를 마친 후에 빙글빙글 도는 이유는 몸의 먼지를 털어 내기 위해서이다.

이제 빙빙 돌 시간!

A. ❶ 해달의 모피는 겨울에도 따뜻해서 옛날에는 남성용 '해달 모자'가 인기였다고 한다.

호기심 2 해달은 바다에서 잠을 잘까, 땅에서 잠을 잘까?

1 해달은 바다에 뜬 자세로 잠을 자는데, 떠내려가지 않도록 긴 다시마를 몸에 감는다.

나 머리 좋지?

2 다시마가 없는 수족관에 사는 해달은 같이 생활하는 해달과 손을 잡고 잔다.

수족관의 어미와 새끼

호기심 3 해달은 엄청난 먹보라는데 정말일까?

1 차가운 바다에서 몸을 따뜻하게 유지하기 위해 해달은 엄청난 양의 식사를 한다. 성게와 게, 전복, 가리비 등의 고급 해산물을 좋아한다.

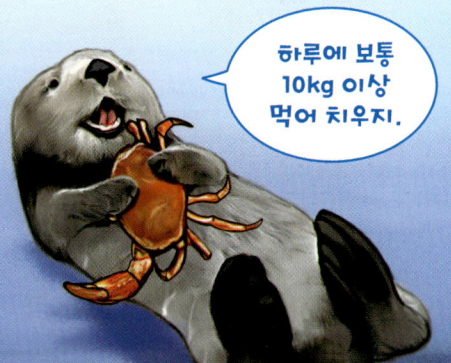

하루에 보통 10kg 이상 먹어 치우지.

2 겨드랑이 밑에 피부가 헐렁하게 늘어져 있어 먹잇감이나 마음에 드는 돌을 넣어 두기도 한다.

여기에 넣어 두면 걱정 없어!

펭귄

비행을 포기하고 수중 생활에 적합한 몸으로 완전히 진화해 버린 새이다. 남반구에 18종의 펭귄이 서식한다.

부리
부리로 물고기 등의 먹이를 잡아먹으며, 가장자리가 칼처럼 날카로워서 물리면 싹둑 잘린다.

깃털
몸통에 짧은 털이 나 있다. 털들이 촘촘하게 붙어 있어서 마치 한 겹의 천을 두르고 있는 듯한 모습이다.

동물 10초 퀴즈
Q. 펭귄과 맞지 않은 내용은?
1. 북극에도 살 수 있다.
2. 날지 못한다.
3. 헤엄을 잘 친다.

플리퍼
물고기의 지느러미처럼 진화된 날개(플리퍼)는, 나무판자처럼 납작해서 효과적으로 물을 저을 수 있다.

다리
다리는 매우 짧으며 발가락 사이에 물갈퀴가 있다.

펭귄의 생태

강력한 추위에 견디다!

▶아빠 펭귄은 배의 피부가 헐렁해서 알을 주머니에 넣어 따뜻하게 보호할 수 있다. 새끼는 배 밑으로 들어가서 몸을 보호한다.

양육 — 혹독한 양육 환경

영하 60℃에 이르는 남극의 극한 추위에서 새끼를 돌봐야 하는 황제펭귄은 세계 최고의 혹독한 양육 환경에서 새끼를 키운다. 눈보라가 몰아칠 때는 모두 다닥다닥 붙어서 추위를 견뎌 낸다.

A. ❶펭귄은 북극에서 살 수 없다.

멋진 수영 솜씨!

수영비법 1 — 날아다니듯 헤엄

날개를 퍼덕거리며 마치 물속을 날아다니듯이 자유자재로 헤엄친다. 또한 매우 깊은 곳까지 잠수할 수 있으며, 특히 황제펭귄은 수심 500m까지 잠수한 기록이 있다.

점프해서 더 빠르게!

수영비법 2 — 돌고래처럼 점프

돌고래처럼 수면 위를 계속 점프하듯 헤엄친다. 물의 저항을 최대한 줄여서 속도를 높이는 방법이다.

펭귄의 기본 정보

크 기	41~115㎝
먹 이	물고기, 오징어, 크릴새우 등
서식 환경	해변

펭귄의 종류

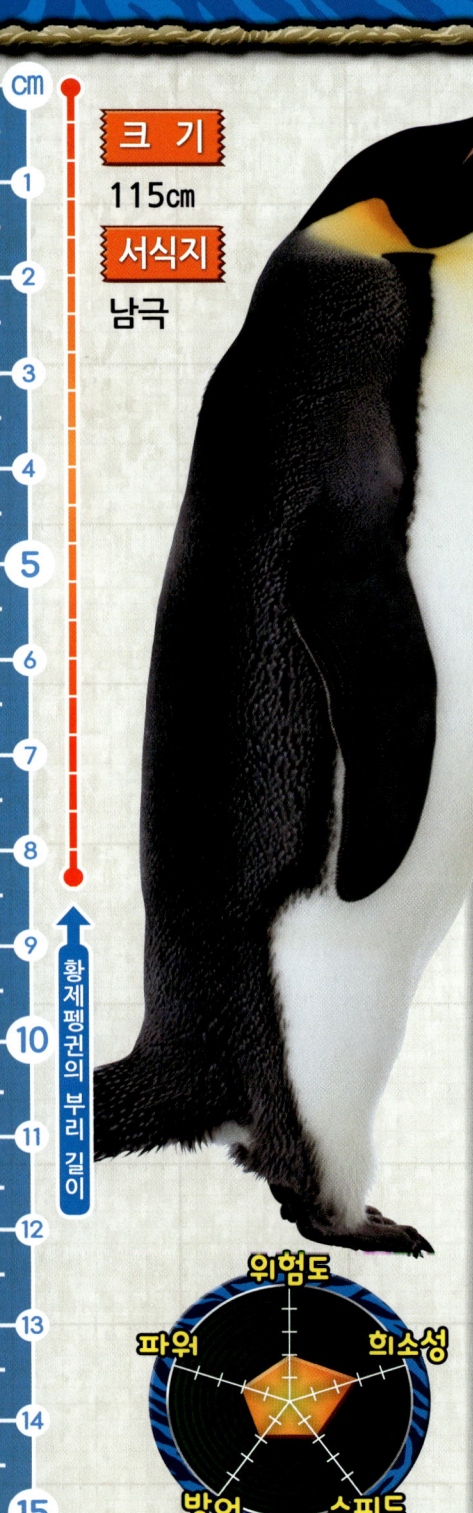

황제펭귄의 부리 길이

황제펭귄

크 기	115㎝
서식지	남극

펭귄 중 몸집이 가장 크다. 세계에서 가장 추운 곳에서 사는 새이다. 추위에 견디기 위해 커다란 몸에 비해 부리와 날개가 다른 펭귄보다 작은 편이다.

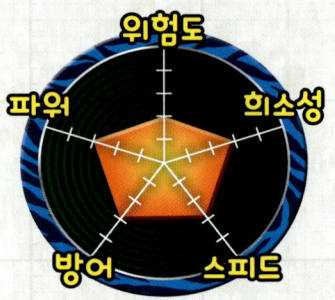

아델리펭귄

크 기	75㎝	서식지	남극

눈 주변의 하얀 테두리가 특징이다. 여름에는 작은 돌을 모아 둥지를 만들어서 새끼를 키운다. 남극에 상륙한 프랑스의 한 탐험가가 아내의 이름을 붙여서 '아델리'라고 지었다고 한다.

마카로니펭귄

◁옛날 영국에서는 새로 유행하는 복장이나 머리 모양을 한 멋쟁이 남자를 '마카로니'라고 불렀다. 이 펭귄도 머리에 난 금색 깃털 때문에 '마카로니'라는 이름이 붙었다.

머리의 금색 깃털이 멋진 펭귄이다. 남극해의 섬에서 새끼를 돌보는 시간 외에는 바다에서 생활한다. 크릴새우를 잡아먹기에 적합한 두툼한 부리를 지녔다.

▲크릴새우는 작은 새우와 비슷하며, 남극 주변의 바다에서 흔히 볼 수 있다.

크 기 75㎝ **서식지** 남극

젠투펭귄

머리의 흰색 무늬와 주황색 부리가 특징이다. 다른 펭귄보다 빠르며 시속 35km로 헤엄칠 수 있다.

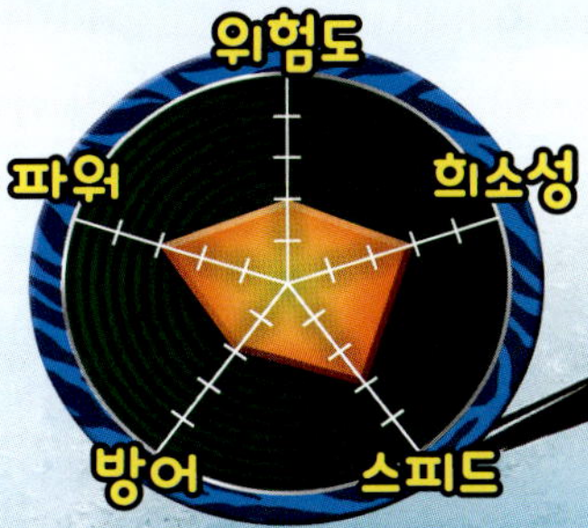

크 기 90㎝
서식지 남극 근처의 섬

? 궁금한 펭귄 이야기

호기심 1 — 펭귄은 새인데, 왜 날지 못할까?

① 펭귄의 조상은 하늘을 날아다녔다. 하지만 바다의 물고기를 잡아먹기 위해 나는 능력을 포기하고 말았다.

② 펭귄의 날개는 공기를 잡아 두는 큰 깃털이 없으며 지느러미처럼 생겼다.

수영이라면 자신 있어!

펭귄의 날개
큰 깃털
하늘을 나는 새의 날개

③ 하늘을 나는 새는 뼈가 가볍지만, 펭귄은 뼈가 무겁고 튼튼해서 바다 깊은 곳까지 쉽게 잠수할 수 있다.

하늘을 나는 새의 뼈

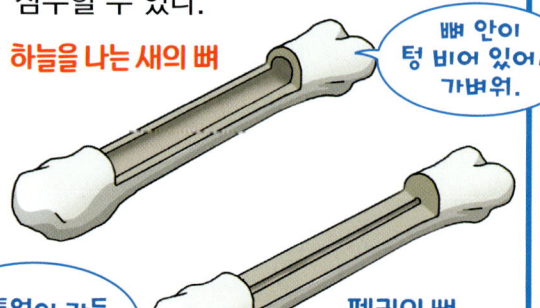

뼈 안이 텅 비어 있어서 가벼워.

펭귄의 뼈

빈틈없이 가득 차서 무거워.

④ 펭귄 외에도 날지 못하는 새가 몇 종류 있다.

오키나와뜸부기

난 숲속을 뛰어다녀.

타조

달리는 속도는 지지 않아!

200

호기심 2 펭귄은 얼음 위에 엎드려서 미끄럼을 탄다고?

출발!

◀ '터보건'은 바닥이 평평하고 긴 썰매이다.

펭귄은 얼음이나 눈 위에 엎드려서 썰매처럼 앞으로 나아간다. 이러한 이동 방법을 '터보건'이라고 한다. 앞으로 나아가는 속도에는 크게 차이가 없다. 하지만 울퉁불퉁한 길은 걷고, 평평한 곳은 미끄러지는 등 에너지를 절약하기 위해 방법을 바꿔 가며 이동한다.

재밌는 동물 뉴스
열대 지방에 사는 신기한 펭귄

갈라파고스펭귄

'펭귄'이라고 하면 얼음 위에서 생활하는 모습을 떠올리기 쉽지만, 모든 펭귄이 남극에서만 생활하는 것은 아니다. 그중에서도 갈라파고스펭귄은 갈라파고스제도에 사는 유일한 열대산 펭귄이다. 갈라파고스제도는 기온이 30℃가 넘기도 하는 따뜻한 섬 지역이다. 갈라파고스펭귄은 햇빛이 닿지 않는 바위 그늘에 몸을 피하거나 개처럼 숨을 내쉬면서 체온이 올라가지 않도록 조절한다.

강치·바다표범은 개와 친척 사이

강치와 바다표범처럼 다리가 지느러미로 변한 바다 동물은 개에 가까운 종류라는 사실이 밝혀졌다. 개의 조상이 바다에서 생활하기 위해 진화했다고 여겨진다.

개와 비슷한 점 ▶ 짖을 때의 얼굴 모습과 울음소리

우웅~ 우웅~ 멍~ 멍~

해달은 족제비와 친척 사이

해달은 지느러미처럼 생긴 뒷다리가 강치와 비슷하지만, 족제비나 수달에 가까운 동물이다.

해달의 뒷다리

족제비와 비슷한 점 ▶ 몸을 일으켜 세우는 자세

궁금한 건 일어나서 확인해 봐야 해!

놀랍다! 바다를 헤엄치는 코끼리

듀공

몸길이는 약 3m로, 얕은 바다에서 해조를 먹으며 생활한다. 듀공과 매너티는 코끼리에 가까운 동물로 고래처럼 뒷다리는 퇴화하고, 앞다리와 꼬리는 지느러미로 변했다.

전설 속 인어!

◀ 바다 밑바닥의 풀을 뜯어 먹어서 입이 아래쪽을 향하고 있다. 인도양이나 태평양에 살며 70살까지 살기도 한다.

매너티

아프리카의 서해안이나 중남미의 바다에 서식한다. 물 위에 떠다니는 수초를 먹는다.

고래처럼 생긴 코끼리의 친척!

▶ 물 위에 떠서 해안가의 풀을 뜯어 먹는 매너티. 입은 앞쪽을 향하고 있다.

6 크기가 작은 동물들
놀라운 기술을 지니다! 몸집은 작지만

크기가 작은 동물들은 살아남기 위해 적으로부터 도망치는 기술이 뛰어나다. 어떤 기술이 있는지 알아보자.

쥐

포유류 중에 종류가 가장 다양하며, 높은 산과 바다를 제외한 모든 곳에 살고 있다. 끊임없이 종족을 번식해 나간다.

귀
커다랗게 돋보이는 귀는 소리를 민감하게 감지한다. 다만 땅을 파고 들어가는 종류는 귀가 작다.

이빨
커다란 앞니로 무엇이든 갉아 버린다.

동물 10초 퀴즈
Q. 쥐의 앞니의 특징은?
① 매일 다시 난다.
② 딱 한 번 다시 난다.
③ 빠지지 않고 계속 사용한다.

수염
주변의 사물이나 미세한 진동을 감지하는 역할을 한다. 수염을 벽에 붙이고 주변의 상황을 살피며 이동한다.

꼬리
꼬리에는 털이 거의 없다. 대부분 기다란 꼬리를 지녔지만, 꼬리가 짧은 쥐도 있다.

◀ 쥐의 머리뼈이다. 4개의 커다란 앞니는 사람과 완전히 다르다.

쥐의 생태

형제가 많은 쥐 가족!

양육 — 놀라울 만큼 왕성한 번식력

쥐는 일 년에 몇 차례나 새끼를 낳으며, 2~3개월 만에 어른 쥐로 성장해서 엄청난 기세로 번식해 나간다. 이렇게 쥐는 다른 동물에 비해 왕성한 번식력을 가지고 있다.

▲새끼를 물어서 옮기는 어미 쥐

수영 — 뛰어난 수영 실력

쥐는 대부분 수영 솜씨가 뛰어나다. 개헤엄을 치는 것처럼 앞다리로 물을 저으며 앞으로 나아간다.

물속에서도 자유자재로!

알을 노리다!

먹이 — 새들의 천적

쥐는 대부분이 다양한 것을 먹는 잡식성이다. 그중에 곰쥐는 무엇이든 잘 먹지만, 특히 알을 좋아해서 새들에게는 두려움의 대상이다.

쥐의 기본 정보

크 기	9~90cm
먹 이	씨앗, 열매, 곤충 등
서식 환경	숲속, 물가, 도시 등

A. ❸쥐의 앞니는 평생 한 번 나서 계속 길어진다.

쥐의 종류

생쥐

전 세계에서 살고 있다. 어미 배 속에 있는 기간이 20일밖에 되지 않는다. 흰색 생쥐는 사람이 만들어 낸 품종으로 야생에는 살지 않는다.

- 크 기: 9cm
- 서식지: 전 세계

시궁쥐

'집쥐'라고도 한다. 주택가의 하수구에 사는 커다란 쥐다. 헤엄을 잘 치지만 높은 곳에는 잘 오르지 못한다. 물고기와 곤충을 좋아한다.

- 크 기: 26cm
- 서식지: 전 세계

아메리카비버

북아메리카의 숲에 서식한다. 오랜 기간 다람쥐의 일종이라고 여겨졌지만, 최근의 연구로 쥐에 가까운 동물이라는 사실이 밝혀졌다. 나무를 쓰러트려 강을 가로막아 댐을 만든다.

크 기 90㎝ 서식지 북아메리카

골든햄스터

애완동물로는 많이 키우지만, 야생의 골든햄스터는 멸종 직전이다. 중동의 시리아와 터키에서만 개체가 확인되고 있다. 사막에 구멍을 파고 들어가서 산다.

크 기 15㎝

서식지 시리아·터키

호기심 1 — 쥐는 정말 치즈를 좋아할까?

① 쥐는 육류, 채소류를 가리지 않는 잡식성 동물이지만 사실 치즈는 쥐가 즐겨 먹는 음식은 아니라고 한다.

② 쥐와 치즈를 함께 떠올리게 된 건 옛 유럽에서 유래되었다. 치즈에 생긴 구멍을 보고 쥐가 구멍을 냈다고 착각해서 쥐가 치즈를 좋아한다고 알려지게 되었다.

호기심 2· 쥐의 꼬리가 긴 이유는 무엇일까?

① 나무 타기가 주특기인 쥐는 균형을 잡기 위해 긴 꼬리를 지녔다.

나뭇가지에 꼬리를 휘감기도 해.

② 하지만 나무에 오르지 못하거나 땅을 파고 들어가는 쥐는 꼬리가 짧다.

멧밭쥐

레밍(나그네쥐)

호기심 3· 고양이는 왜 쥐를 쫓을까?

집에서 키우는 고양이의 조상은 산에서 쥐나 도마뱀을 잡아먹었다. 아직도 쥐를 잡는 본능이 남아 있어서 쥐를 발견하면 쫓아다니곤 한다. 무엇이든 움직이는 물체에 반응하는 습성 또한 사냥 본능이 남아 있기 때문이다.

호기심 4 비버는 나무를 잘라 댐을 만드는 동물 최고의 건축가라고?

① 비버는 강에 나무를 댐처럼 쌓아서 강이 흘러가는 것을 막는다. 강물이 흐르지 않으면 보금자리가 떠내려가지 않고, 온도도 안정되기 때문이다.

◁ 비버가 갉아 놓은 나무

댐

② 강물이 흘러가는 것을 막아서 만든 연못 안에 보금자리를 만든다. 출입구가 물속에 있어서 늑대와 같은 적이 들어오지 못한다. 비버 가족이 함께 힘을 모아 보금자리를 만든다.

공기가 통하는 구멍

댐

출입구

호기심 5 햄스터는 왜 밤이 되면 활발하게 운동을 시작할까?

1. 햄스터는 야행성 동물이어서 밤이 되면 활기차게 움직이기 시작한다.

더 빨리 달려!

2. 야생 햄스터는 낮에는 구멍 속 보금자리에서 휴식을 취하고, 밤이 되면 먹이를 찾아 돌아다닌다.

▲구멍 속의 햄스터

재밌는 동물 뉴스
달리기 실력과 점프 실력이 최고

날쥐

달리는 능력이 매우 뛰어나서 때로는 30km까지 물이나 먹이를 찾아 돌아다닌다. 점프력도 훌륭해서 약 8m까지 뛰어오른다. 쥐구멍에서 나올 때에는 갑자기 공중으로 날아올라 입구에서 기다리던 천적을 따돌리기도 한다.

다람쥐

나무 위에서만 생활한다고 생각했다면 큰 착각이다. 굴을 파서 생활하는 다람쥐도 있고, 하늘을 나는 다람쥐도 있다.

볼주머니
입안에 먹이를 넣어서 운반하기 위한 주머니가 있다. 볼주머니가 없는 다람쥐도 있다.

앞니
위아래의 날카로운 앞니 4개로 딱딱한 호두도 깨 먹을 수 있다. 이빨은 빠지지 않고 계속해서 자란다.

발톱
발톱이 날카로워서 나뭇가지를 꽉 붙잡거나 앞발로 물건을 야무지게 쥘 수 있다.

동물 10초 퀴즈

Q. 다람쥐 꼬리의 역할은?
1. 적을 공격할 때 사용한다.
2. 청소할 때 사용한다.
3. 우산 대신에 사용한다.

다람쥐의 생태

식사 — 호두를 먹는 방법

호두를 먹을 때에는 앞니로 딱딱한 껍데기를 벗겨서 2개로 쪼갠 후, 2개를 한꺼번에 손에 들고 알맹이를 파먹는다.

호두도 능숙하게!

겨울잠을 자는 중!

▲ 체온은 5℃ 정도로, 심장도 크게 뛰지 않는다.

겨울나기 — 겨울을 나는 방법

기온이 낮아지는 추운 겨울이 오면 나무 구멍이나 땅속 구멍에 들어가 겨울잠을 자는 다람쥐도 있다.

다람쥐의 기본 정보

크 기	25~68cm
먹 이	씨앗, 나무 열매, 곤충 등
서식 환경	숲속, 초원, 산지 등

다람쥐의 종류

노란배마모트

크 기 68cm

서식지 북아메리카 로키산맥

배가 노란색이어서 '노란배'라는 이름이 붙었다. 바위가 많은 산에서 굴을 파며 생활한다. 독수리나 코요테 등의 천적이 다가오면 휘파람 소리를 내서 동료들에게 위험을 알린다.

동부줄무늬다람쥐

북아메리카 동부 지역에 서식한다. 나무 위보다 땅 위에서 생활하는 시간이 많다.

크 기 25cm   서식지 북아메리카 동부

A. ❸비나 눈을 피하거나 햇빛을 피하는 '우산'으로 사용되기도 한다.

검은꼬리프레리도그

겉모습은 다람쥐와 비슷하지만, 몸이 땅딸막하고 꼬리가 짧다. 땅 위로 출입구가 여러 개인 복잡한 땅굴을 파서 가족이 함께 산다.

크 기 30㎝

서식지 북아메리카 미시시피강 유역

날다람쥐

네 다리를 펼치면 큰 익막(피부의 주름으로 형성된 막)이 형성되어 나무 사이로 10m 정도를 활공한다. 야행성으로 낮에는 나무 구멍에서 잠을 자며, 밤이 되면 활동을 시작한다.

크 기 48㎝

서식지 한국·일본·중국

궁금한 다람쥐 이야기

호기심 1
얼룩다람쥐는 볼이 터질 정도로 먹이를 잔뜩 물고 힘들지 않을까?

1 양 볼에 먹이를 집어넣는 건 얼룩다람쥐의 습성이다. 볼주머니가 있어서 먹이를 많이 집어넣어도 힘들지 않다.

> 도토리 6개 정도는 넣을 수 있어.

2 얼룩다람쥐는 추운 겨울을 대비해 보금자리에 먹이를 저장한다. 겨울에는 이 보금자리에 머물며 겨울잠을 잔다.

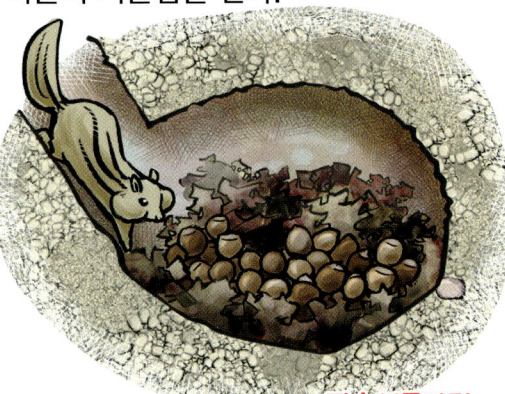

땅속 보금자리

3 볼주머니에 먹이를 넣으면 한번에 많은 양을 운반할 수 있어서 효율적이다.

> 겨울이 오기 전에 많이 모아야 해!

4 보금자리가 아닌 곳에 먹이를 숨겨 놓기도 한다. 하지만 먹이를 숨겨 놓은 곳을 종종 잊어버리기도 한다.

> 깜박했지 뭐야!

> 다들 이런 경험 있지 않나요?

호기심 2 '도그(Dog)'라는 이름이 붙은 '프레리도그(Prairie Dog)'는 개일까?

프레리도그는 틀림없는 다람쥐의 일종이다. 그런데도 '프레리도그(초원의 개)'라고 불리는 이유는 짖는 소리 때문이다. 여러 마리의 가족이 모여서 생활하는 프레리도그는 적이 가까이 다가오면 소리를 내서 위험을 알린다. 그때 내는 소리가 개가 짖는 소리와 비슷하다고 해서 이러한 이름이 붙었다.

호기심 3 날다람쥐는 낮은 곳에서 높은 곳으로 날아오를 수 없다고?

날다람쥐는 다리 사이의 익막을 넓게 펼쳐서 하늘을 난다. 하지만 날갯짓을 하는 게 아니라 패러글라이더처럼 하늘을 활강하며 내려올 뿐이다. 그래서 낮은 곳에서 높은 곳으로 날아오르지는 못한다. 높은 나무 위에서 낮은 곳을 향해 뛰어내릴 뿐이다.

토끼

길쭉길쭉한 귀가 특징인 초식 동물이다.
뒷다리로 차는 힘이 매우 강해서 빠른 속도로 뛸 수 있다.

귀
길쭉한 귀는 먼 곳의 작은 소리도 잘 들을 수 있다. 더울 때는 귀를 통해 몸의 열기를 내보낸다.

뒷다리
뒷다리의 근육이 발달해서 빠르고, 힘차게 뛸 수 있다.

이빨
위턱에 2개의 이빨이 길게 발달했다. 딱딱한 나무껍질도 쉽게 갉아 먹는다.

동물 10초 퀴즈
Q. 토끼의 목은 얼마나 돌아갈까?
❶ 옆으로만 돌아간다.
❷ 등까지 돌아간다.
❸ 한 바퀴 돌아간다.

토끼의 생태

겨울털에서 여름털로 변신!

털 — 계절의 변화

눈이 많이 내리는 곳에 사는 토끼의 대부분은 가을에 털이 빠지고, 겨울에 새하얀 털이 다시 난다. 눈이 녹을 즈음에는 털색이 다시 갈색으로 변한다.

싸움이 시작되다!

내 주먹을 받아라!

싸움 — 수컷과 암컷의 싸움

숲멧토끼는 번식기가 되면 수컷과 암컷이 복싱을 하는 것처럼 서로 싸운다. 아직 짝짓기의 준비가 되지 않은 암컷이 수컷을 내쫓는 행동이다.

토끼의 기본 정보

크 기	29~70㎝
먹 이	풀, 나뭇가지, 나무껍질 등
서식 환경	초원, 숲속, 사막 등

토끼의 종류

북극토끼

북극에 살며, 체지방이 20%나 되어 추위에 매우 강하다. 보통은 혼자 생활하지만, 때로는 200여 마리가 큰 무리를 이루며 생활하기도 한다.

크 기 70㎝
서식지 북극권

일본산토끼

숲이나 초원에 살며 사람이 사는 마을 근처에서 발견되기도 한다. 눈이 내리는 지방에서는 겨울에 하얗게 변한다. 무리를 짓지 않고 한 마리씩 생활한다.

크 기 50㎝
서식지 일본

캘리포니아멧토끼 귀 길이

A. ❷ 굴토끼의 목은 180도까지 돌아가서 혼자서 등의 털을 다듬는다.

크 기	60㎝
서식지	북아메리카 서부

귀가 매우 길다. 뒷다리도 길고 힘이 세서 3m 넘게 점프하며 적으로부터 도망칠 수 있다. 무엇보다 도망가는 속도가 빠른 동물로 유명하다.

캘리포니아멧토끼

땅에 구멍을 파서 굴을 만들고 가족이 함께 생활한다. 가축화되어 세계에서 널리 기르고 있는 집토끼는 굴토끼를 개량해서 만들어 낸 종이다.

굴토끼

크 기	40㎝
서식지	스페인·프랑스·북아메리카

궁금한 토끼 이야기

호기심 1 — 토끼는 왜 깡충깡충 뛰어다닐까?

1 토끼가 다리를 모으고 깡충깡충 뛰는 이유는 빠르게 이동하기 위해서이다.

2 점프하기 쉽도록 뒷다리가 길고 근육이 튼튼하다.

몸집은 작아도 빠르다고.

깡충~

이래 봬도 근육질이야!

3 토끼가 사는 초원은 숨을 곳이 적어서 적에게 들키기 쉽다. 따라서 커다란 귀로 적의 기척을 감지해서 재빨리 도망친다.

4 산토끼 중에는 시속 70km에 가까운 속도로 달리는 종류도 있다.

빨리 도망치는 게 이기는 거야!

일반 도로를 달리는 자동차보다 빠르다고!

숲멧토끼

호기심 2 — 토끼의 눈이 빨간 이유는 무엇일까? 잠이 부족한 건 아닐까?

빨간색 눈을 지닌 건 흰색 토끼뿐이다. 흰색 토끼는 몸의 색깔을 만드는 색소가 없어서 눈도 투명하다. 그러므로 눈 안쪽의 혈관이 그대로 비쳐서 눈이 빨갛게 보이는 것이다. 사람처럼 눈이 충혈돼서 빨개지는 것은 아니다.

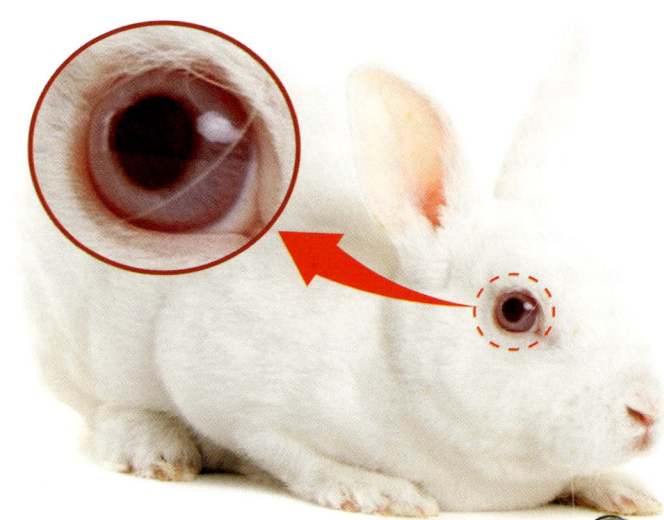

재밌는 동물 뉴스
새의 날개처럼 귀가 커다란 토끼

날 수 있으면 좋을 텐데…. 아쉽다.

토끼는 하늘을 날 수 없지만, 일본에서는 새와 똑같이 '와(羽, 일본에서 새와 토끼를 세는 단위)'라고 토끼의 마릿수를 센다. 그 이유는 네 발 달린 동물을 먹을 수 없는 스님이 토끼 고기를 먹기 위해 새의 날개처럼 귀가 커다란 토끼를 '새'라고 불렀기 때문이라는 이야기가 전해진다.

놀랍다! 쥐가 아니라고?

땃쥐

뾰족한 주둥이 등의 생김새가 쥐를 닮았지만, 설치류는 아니며 두더지의 일종이다. '땃쥐'라는 이름이 붙은 동물은 매우 많으며, 눈과 귀가 작은 생김새로 쥐와 구분한다.

▶ 물가에 사는 땃쥐인 '갯첨서(위)'와 몸집이 작은 '작은땃쥐(아래)' 모두 땃쥐의 일종이다.

주로 냄새에 의지하는 편이야.

몸을 둥글게 해서 자신을 보호!

고슴도치

뾰족한 가시를 지닌 고슴도치도 쥐가 아닌 두더지의 일종이다. 위험한 상황이 닥치면 가시가 없는 얼굴과 다리를 숨기고, 몸을 둥글게 움츠려서 뾰족한 공처럼 변신한다.

▲아프리카 초원에 사는 네발가락고슴도치

둥근귀코끼리땃쥐

둥근귀코끼리땃쥐는 코끼리처럼 길고 잘 움직이는 코를 지녔다. 둥근귀코끼리땃쥐의 DNA가 코끼리의 DNA와 유사하다는 사실이 밝혀졌다. 땅 위를 빠르게 돌아다니며 곤충을 잡아먹는다.

코끼리처럼 생긴 코!

달리기는 자신 있어!

▲엉덩이의 노란색 무늬가 특징인 금빛허리코끼리땃쥐

7 괴짜 동물들
신기하고 특별한 능력을 지니다!

동물의 세계에는 깜짝 놀랄 만큼 다양한 능력을 지닌 동물들이 존재한다. 신기한 기술을 지니고, 특이한 생활을 하는 괴짜 동물들을 만나 보자.

박쥐

박쥐는 새처럼 하늘을 자유롭게 날아다니지만, 어엿한 포유류이다. 쥐 다음으로 종류가 다양하다.

▲ 날개의 막은 빛이 통과할 정도로 매우 얇다.

날개
앞다리의 발가락과 다리 사이로 넓게 펼쳐진 피부막이 날개를 이룬다.

동물 10초 퀴즈
Q. 가장 작은 박쥐의 몸무게는?
1. 2g
2. 10g
3. 50g

귀
초음파를 듣기 위해 귀가 커다랗고 예민하게 발달했다.

코·입
소형 박쥐는 코에 주름이 있어서 특이한 모양을 띠고 있는 종류가 많다. 코나 입으로 초음파를 보낸다.

박쥐의 생태

천장을 가득 메운 박쥐 무리!

생활

엄청난 규모의 무리

낮에는 동굴에서 휴식을 취하는 소형 박쥐는 엄청난 규모의 무리를 이룬다. 그 수는 수만 마리가 넘는다고 알려졌지만, 너무도 많아서 정확한 숫자는 알기 어렵다고 한다.

▲대규모 박쥐 무리가 함께 이동

A. ❶키티돼지코박쥐의 무게는 2g에 불과하다. 하늘을 날기 위해 가벼운 몸을 지녔다.

과일을 좋아하다!

식사 — 다양한 먹이

박쥐는 일반적으로 다양한 먹이를 먹지만, 과일박쥐과의 박쥐는 보통 각종 과일과 꽃을 먹고 산다.

어둠 속 사냥꾼!

사냥 — 초음파로 감지

소형 박쥐의 주식은 날아다니는 곤충이다. 앞이 보이지 않는 어둠 속에서도 코나 입에서 나오는 초음파로 곤충을 찾아내어 잽싸게 쫓아가 잡아먹는다.

박쥐의 기본 정보

크 기	14.5~180㎝(날개폭)
먹 이	과일, 물고기, 작은 동물 등
서식 환경	숲속, 초원, 도시 등

박쥐의 종류

황금모자과일박쥐

크 기 28cm
서식지 필리핀

필리핀에서 가장 크고, 세계에서 가장 무거운 박쥐 중 하나이다. 낮에는 나무에 거꾸로 매달려서 휴식을 취하고, 밤이 되면 먹잇감인 무화과 열매를 찾으러 다닌다.

관박쥐

박쥐 중에서 가장 흔한 종류로, 낮에는 동굴에서 쉬고 밤이 되면 곤충을 잡아먹으러 바깥으로 나온다.

키티돼지코박쥐의 날개폭

크 기 6.3cm
서식지 유럽·아시아·아프리카

키티돼지코박쥐

몸무게가 2g밖에 되지 않는 세계에서 가장 작은 박쥐이다. 세계에서 가장 작은 포유류 중의 하나이기도 하다.

크 기 3cm

서식지 태국

◀ 손바닥 위에 올려놓은 크기

크 기 1.5~3cm

서식지 아시아·러시아 동부

박쥐 중에는 드물게 몸 색깔이 하얗다. 커다란 나뭇잎을 천막처럼 치고 그 밑에서 쉬는 습성이 있다.

온두라스흰박쥐

? 궁금한 박쥐 이야기

호기심 1
박쥐는 귀를 막으면 날 수 없다던데 정말일까?

① 박쥐는 눈을 가려도 자유롭게 날 수 있다. 어둠 속에서도 곤충을 잡을 수 있으므로 눈에 의지하지 않는다.

② 하지만 귀를 막으면 잘 날지 못하게 된다.

박쥐 살려!

③ 사람에게는 들리지 않는 높은 소리인 초음파를 내서, 소리의 반동으로 주변의 상황이나 먹잇감의 위치를 파악한다. 따라서 박쥐에게 귀는 매우 중요하다.

먹잇감 발견!

과일박쥐과

그 대신 눈이 크고, 귀가 작아.

④ 과일박쥐과의 박쥐는 초음파를 사용하지 않고, 눈으로 먹잇감을 잡거나 과일을 찾아 먹는다.

호기심 2: 박쥐는 흡혈귀처럼 피를 빨아 먹을까?

포유류의 피를 빨아 먹는 박쥐는 남아메리카에 서식하는 흡혈박쥐뿐이다. 또한 소와 말, 돼지의 피를 빨아 먹긴 해도 사람의 피를 빠는 일은 거의 없다고 한다.

돼지 피를 빠는 흡혈박쥐

호기심 3: 물고기를 잡아먹는 박쥐가 있다고 하던데 정말일까?

발톱을 물 위에 가깝게 한 뒤,

물고기를 낚아챈다!

남아메리카에 서식하는 불독박쥐는 초음파로 수면의 미세한 진동을 감지한 뒤, 낚싯바늘처럼 날카로운 발톱으로 물고기를 낚아챈다. 놀라운 낚시 기술을 지닌 박쥐이다.

호기심 4 거꾸로 매달려 있으면 머리에 피가 쏠리지 않을까?

① 박쥐는 거꾸로 매달려서 휴식을 취한다. 박쥐에게는 이 자세가 가장 편안한 자세라고 한다. 박쥐는 무게가 가볍고, 몸속의 혈액도 적어서 머리에 피가 쏠리지 않는다.

오가사와라큰박쥐 / 관박쥐 / 토끼박쥐 / 집박쥐

우리는 이 자세가 편하다고!

② 매달릴 때에만 사용하는 뒷다리에는 뼈와 근육이 거의 없다. 매달릴 때에도 발에 힘을 주지는 않는다.

발을 걸기만 하는 거라서 힘을 주지 않아도 돼!

▲ 갈고리처럼 생긴 발톱

③ 근육이 없는 만큼 몸이 가벼워서 하늘을 날 수 있다. 다만, 2개의 다리로 일어서서 걸 수는 없어서 기어가듯이 앞으로 이동한다.

걷는 건 자신 없어.

호기심 5 거꾸로 매달리지 않는 박쥐는 없을까?

중앙·남아메리카에 서식하는 원반날개박쥐과의 박쥐는 일반적인 박쥐와는 반대로 머리를 위로 향한 채 바나나 잎에 달라붙어 있다. 발에 달린 흡반(다른 동물이나 물체에 달라붙기 위한 기관)으로 미끄러운 잎에도 잘 매달리며, 낮에는 큰 잎의 움푹 패인 곳에서 몸을 숨기며 지낸다.

▶흡반 덕분에 잘 달라붙을 수 있다.

재밌는 동물 뉴스

박쥐가 볼일을 보는 방법

거꾸로 매달려서 소변과 대변을 보면 몸이 더러워지고 만다. 그래서 볼일을 볼 때는 몸을 비스듬하게 세우거나 배를 쑥 내밀어서 자신의 몸에는 묻지 않도록 자세를 바꾼다. 과일박쥐과의 박쥐는 머리를 위쪽으로 향한 채 볼일을 본다.

과일박쥐과

쉬 하고 있는 중이야.

캥거루

오스트레일리아의 대표 동물이다. 아기 주머니에서 새끼를 키우며 뒷다리로 깡충깡충 뛰어다닌다.

다리
근육이 발달한 뒷다리로 땅을 힘차게 내딛을 수 있다.

아기 주머니
암컷의 배에는 육아낭(새끼를 넣어 기르는 주머니)이 있으며, 이 안에 젖꼭지도 있다.

꼬리
두껍고 긴 꼬리는 뛰어가거나 걸을 때 몸의 중심을 잡아 주는 역할을 한다.

동물 10초 퀴즈

Q. 캥거루의 주요 공격 방법은?
1. 점프하며 펀치를 날린다.
2. 꼬리를 휘둘러서 공격한다.
3. 강력한 발차기를 날린다.

캥거루의 생태

휴식 — 저녁 무렵에 활동

사막이나 건조한 초원에 사는 캥거루는 기온이 높아지는 낮에는 누워서 쉬면서 에너지를 아낀다. 시원해지는 저녁 무렵에 활동을 시작한다.

에너지를 아끼다!

식사 — 주식은 풀과 나뭇잎

사슴처럼 생긴 얼굴에서 알 수 있듯이 캥거루의 주식은 풀이나 나뭇잎, 과일 등이다. 풀을 뜯어 먹기에 편리한 앞니를 지녔다.

편리한 앞니!

캥거루의 기본 정보

크 기	35~160㎝
먹 이	풀, 나뭇잎, 과일 등
서식 환경	숲속, 초원, 사막

캥거루의 종류

갓 태어난 새끼 붉은캥거루의 크기

붉은캥거루

캥거루 중에 가장 몸집이 크다. 한번 점프하면 8m나 뛸 수 있을 만큼 놀라운 점프력을 지녔다.

크 기	1.6m
서식지	오스트레일리아

쿼카

오스트레일리아의 로트네스트 섬은 쿼카가 많이 사는 곳으로 유명하다. 웃는 얼굴을 하고 있으며, 사람을 무서워하지 않고 가까이 다가오기도 해서 인기가 많다.

크 기	54cm
서식지	오스트레일리아 동부

나무타기캥거루

크 기
80㎝

서식지
오스트레일리아·뉴기니

나무 위에서 생활하는 캥거루의 일종이다. 나무 위에서 생활하므로 뒷다리 근육은 발달하지 않았다.

붉은목숲왈라비

크 기
60㎝

서식지
오스트레일리아 동부

오스트레일리아 동부의 유칼립투스 숲에 사는 소형 캥거루이다. 무리를 짓지 않고 생활한다.

A. ❸캥거루끼리 싸울 때는 주먹을 사용하지만, 적을 공격할 때는 강력한 발차기를 날린다.

궁금한 캥거루 이야기

호기심 1
수컷은 아기 주머니가 없다고?

① 캥거루의 아기 주머니는 갓 태어난 새끼 캥거루를 키우는 곳이다. 그래서 수컷에게는 아기 주머니가 없다.

② 보통 포유류의 새끼는 배 속에서 자란 후에 태어난다.

갓 태어난 새끼의 키가 180cm나 돼!

기린의 새끼

③ 하지만 캥거루의 새끼는 매우 작게 태어난다.

주머니 안
어미 젖
새끼

따라서 크게 자랄 때까지 보호해 줄 아기 주머니가 필요하다.

④ 아기 주머니 안에서 새끼가 눈 소변과 대변은 어미가 먹어서 깨끗하게 치워 준다.

깨끗하게 해 줄게.

호기심 2. 캥거루의 생일은 태어난 날이 아니라고?

처음 뵙겠습니다.

갓 태어난 새끼 캥거루는 너무 작아서 바로 아기 주머니에 들어가 버리므로 출산한 날을 확인하기가 어렵다. 그래서 동물원에서는 '새끼가 주머니에서 머리를 내민 날'을 생일로 정한다.

재밌는 동물 뉴스
오스트레일리아에 사는 유대류 동물

배에 아기 주머니가 있는 동물을 '유대류'라고 한다. 유대류 대부분은 오스트레일리아와 오스트레일리아 주변의 섬에 서식한다.

웜뱃

동부주머니고양이

슈가글라이더

나무늘보

세계에서 가장 움직임이 느린 동물이다.
게으름을 피우려고 천천히 움직이는 건 아니다.

발톱
발톱이 갈고리 모양으로 생겼다. 주로 나뭇가지에 발톱을 걸어서 나무에 매달리는 자세를 하고 있다.

털 모양
나무에 매달린 채로 생활하므로 배에서 등 쪽으로 털이 나며 비가 오면 빗물이 등 쪽으로 흘러내린다.

코
냄새에 민감해서 먹을 수 있는 먹잇감인지 냄새로 구분한다.

동물 10초 퀴즈

Q. 나무늘보의 체온은?
① 24℃보다 낮다.
② 기온에 따라 24~35℃로 변한다.
③ 35℃로 사람보다 살짝 낮다.

나무늘보의 생태

식사 — 소량의 식사

먹는 양이 매우 적어서 하루에 몇 장의 나뭇잎을 먹을 뿐이다. 나뭇잎은 소화하기 어려워서 오랜 시간에 걸쳐 천천히 먹는다.

나뭇잎은 천천히 꼭꼭!

나무 위에서 쿨쿨!

휴식 — 틈만 나면 휴식

하루에 약 20시간은 계속 잠들어 있는다. 주식이 영양분이 적은 나뭇잎이고, 소화시키기도 어렵기 때문에 가능한 체력을 아낀다.

나무늘보의 기본 정보

크 기	50~80㎝
먹 이	나무순, 나뭇잎 등
서식 환경	숲속

나무늘보의 종류

발가락이 3개 있는 세발가락나무늘보과의 일종이다. 남아메리카와 아마존의 좁은 범위에만 서식하는 희귀한 나무늘보이다.

크 기	76cm
서식지	브라질·수리남 콜롬비아·베네수엘라

◀새끼를 업거나 안아 준다.

엷은목세발가락나무늘보

A. ❷주변의 기온에 따라 체온을 조절하기 때문에 체온을 유지하기 위해 에너지를 절약한다.

두발가락나무늘보

앞다리의 발가락이 2개뿐이다. 나무늘보 중에서는 활발하게 움직이는 편이다. 포유류 중에 목의 뼈가 6개밖에 없는 동물은 두발가락나무늘보뿐이다.

크 기 70㎝
서식지 중앙·남아메리카

중앙아메리카에서 남아메리카에 걸쳐 넓은 범위에 서식하며 가장 널리 알려진 나무늘보이다. 주로 나무 위에서 지내며 단독 생활을 한다.

크 기 80㎝
서식지 중앙·남아메리카 북부

갈색목세발가락나무늘보

? 궁금한 나무늘보 이야기

호기심 1
나무늘보가 느릿느릿 움직이는 건 게으르기 때문일까?

1 게으르기 때문이 아니라 냉혹한 정글의 환경에서 살아남기 위한 작전인 셈이다.

살아남기 위한 지혜라고!

2 나무늘보의 먹이는 나무 위의 잎사귀 몇 장에 불과하다. 따라서 먹이를 찾으러 다니다가 적에게 발각될 위험은 없다.

3 그 대신, 철저하게 에너지 소비를 줄여야 하기 때문에 움직임이 느린 것이다.

4 움직임이 너무 느려서 몸에 이끼가 자라기도 한다. 이 이끼 덕분에 적으로부터 몸을 숨길 수 있다.

이끼처럼 보이지?

호기심 2
나무늘보는 태어나서 평생을 나무 위에서만 생활할까?

① 나무늘보는 나무에서 태어나 나무 위에서 자란다. 하지만 일주일에 한 번 정도는 땅으로 내려오기도 한다.

② 그건 바로 화장실에 가기 위해서이다. 나무 밑으로 내려와서 나무 밑동에 볼일을 본다.

호기심 3
느긋해 보여도 사실은 수영의 달인이라고?

나무 위에서 천천히 움직이는 나무늘보이지만, 사실 수영 실력이 뛰어나다. 나무늘보가 서식하는 정글에 계속해서 비가 내리는 계절이 오면, 강물이 불어나 헤엄을 쳐야 하기 때문이다.

개미핥기

개미와 흰개미를 잡아먹어서 '개미핥기'라는 이름이 붙었다.
개미집을 파헤친 후, 긴 혀로 개미를 핥아 먹는다.

혀
혀의 길이가 60cm에 이르며 줄처럼 가늘다.

입
입은 길쭉한 원통 모양으로, 입을 크게 벌릴 수 없다.

발톱
단단한 개미집을 파헤치기 위해 날카롭고 뾰족한 갈고리 모양의 발톱을 지녔다.

동물 10초 퀴즈

Q. 걸을 때 긴 발톱을 어떻게 할까?
❶ 발톱을 활짝 펼치며 걷는다.
❷ 땅 위를 찌르며 걷는다.
❸ 발가락을 주먹처럼 오므리고 걷는다.

개미핥기의 생태

무기 — 위험한 상황

개미핥기의 가장 강력한 무기는 앞다리의 커다란 발톱이다. 도망칠 수 없는 위험한 상황이 닥치면 일어서서 앞다리를 크게 펼치고 위협한다.

발톱으로 위협!

개미를 먹기에 적합한 입·혀·발톱!

식사 — 특별한 사냥 방법

단단한 개미집을 갈고리 모양의 발톱으로 파헤친다. 그런 다음 긴 혀를 개미집 안으로 찔러 넣고 흰개미를 먹어 치운다. 이때 혀를 1분에 150번이나 집어넣는다고 한다.

개미핥기의 기본 정보

크 기	20~200㎝
먹 이	개미, 흰개미 등
서식 환경	숲속, 초원

개미핥기의 종류

작은개미핥기

크 기	67㎝
서식지	남아메리카

큰개미핥기의 발톱 길이

몸통에 조끼를 입은 듯한 무늬가 있다. 나무 타기에 능숙하며, 야행성이지만 때때로 낮에 활동하기도 한다. 혀의 길이는 약 40㎝로 몸의 길이와 거의 맞먹는다.

위험도 / 파워 / 희소성 / 방어 / 스피드

A. ❸발톱이 닳거나 방해가 되지 않도록 발가락을 주먹처럼 오므리고 걷는다.

큰개미핥기

크 기
1.2m

서식지
중앙·남아메리카

개미핥기 중 가장 크다. 낮에는 수풀에서 몸을 둥글게 말아 쉬고, 어두워지면 활동을 시작한다. 끊임없이 개미집을 찾아 파헤치며 흰개미를 잡아먹는다.

애기개미핥기

가장 작은 개미핥기로 손바닥 위에 올려놓을 수 있을 정도이다.
나무 위에서 살며 나뭇가지 안의 개미와 흰개미를 잡아먹는다.

크 기 23㎝

서식지 중앙·남아메리카

궁금한 개미핥기 이야기

호기심 1

개미핥기는 개미만 먹을까?

1. 개미핥기의 주식은 개미와 흰개미이지만, 곤충의 유충이나 과일을 먹기도 한다.

2. 이빨이 없어서 크기가 작은 먹이를 핥아 먹는다.

— 이빨이 없는 턱

3. 동물원에서는 과일과 고기를 갈아서 흐물흐물하게 만든 먹이를 먹는다.

4. 사실은 마요네즈를 매우 좋아한다고 알려졌다.

호기심 2: 어미 개미핥기는 새끼를 업어서 키운다고?

어미 개미핥기는 새끼를 한동안 업어서 키운다. 어미의 몸통 무늬와 새끼의 무늬가 연결되어서 새끼를 노리는 적들에게 마치 한 마리처럼 보이도록 위장하는 것이다. 또한 어미의 몸집을 커다랗게 보이게 하는 효과도 있다.

재밌는 동물 뉴스
개미핥기와 닮은 땅돼지

땅돼지

개미핥기가 사는 남아메리카에서 멀리 떨어진 아프리카에도 개미핥기처럼 개미와 흰개미를 잡아먹고 사는 '땅돼지'가 산다. 개미핥기와는 다른 종의 동물이지만, 개미집을 파헤치는 날카로운 발톱과 길쭉한 얼굴, 길고 끈적거리는 혀 등 매우 비슷한 특징을 지녔다.
이처럼 먹이나 환경에 따라 몸의 특징이 비슷해지는 현상을 '수렴 진화'라고 한다.

257